风险视域下
竞争性选拔规制研究

龚建桥 著

中国社会科学出版社

图书在版编目(CIP)数据

风险视域下竞争性选拔规制研究/龚建桥著. —北京：中国社会科学出版社，2016.6
ISBN 978-7-5161-8474-5

Ⅰ.①风… Ⅱ.①龚… Ⅲ.①干部制度—研究—中国 Ⅳ.①D630.3

中国版本图书馆 CIP 数据核字(2016)第 146144 号

出 版 人	赵剑英
责任编辑	田 文
特约编辑	丁 云
责任校对	张爱华
责任印制	王 超

出 版	中国社会科学出版社
社 址	北京鼓楼西大街甲 158 号
邮 编	100720
网 址	http://www.csspw.cn
发 行 部	010-84083685
门 市 部	010-84029450
经 销	新华书店及其他书店
印 刷	北京金瀑印刷有限责任公司
装 订	廊坊市广阳区广增装订厂
版 次	2016 年 6 月第 1 版
印 次	2016 年 6 月第 1 次印刷
开 本	710×1000 1/16
印 张	12
字 数	182 千字
定 价	46.00 元

凡购买中国社会科学出版社图书，如有质量问题请与本社营销中心联系调换
电话：010-84083683
版权所有 侵权必究

目 录

绪 论 …………………………………………………………（1）
  第一节 研究背景 …………………………………………（1）
  第二节 研究目的及意义 …………………………………（7）
  第三节 研究内容及研究方法 ……………………………（11）
  第四节 本书总体结构和主要创新点 ……………………（14）

第一章 竞争性选拔规制理论基础及相关研究现状 …………（19）
  第一节 相关概念的阐释 …………………………………（19）
  第二节 竞争性选拔研究现状 ……………………………（26）
  第三节 风险理论现状 ……………………………………（33）
  第四节 规制理论现状 ……………………………………（38）
  第五节 本章小结：借鉴与启示 …………………………（49）

第二章 竞争性选拔规制变迁分析 ……………………………（51）
  第一节 竞争性选拔规制变迁简历 ………………………（51）
  第二节 竞争性选拔规制变迁阶段划分及其特征 ………（55）
  第三节 竞争性选拔规制变迁方式 ………………………（67）
  第四节 竞争性选拔规制成效 ……………………………（72）
  第五节 本章小结：否定之否定 …………………………（76）

第三章　竞争性选拔风险及其规制风险辨识 …………… (77)
　　第一节　选拔风险与选拔规制风险 ………………………… (77)
　　第二节　竞争性选拔风险表象 ……………………………… (78)
　　第三节　竞争性选拔风险类型 ……………………………… (82)
　　第四节　规制体系中的风险因素 …………………………… (93)
　　第五节　规制方式中的风险点 ……………………………… (102)
　　第六节　本章小结：风险林林总总 ………………………… (113)

第四章　竞争性选拔规制三维结构体系的构建 ………… (115)
　　第一节　全面风险管理框架下的规制三维结构体系 …… (115)
　　第二节　目标维——竞争性选拔规制目标及立法 ……… (120)
　　第三节　层级维——竞争性选拔规制主体机构 ………… (124)
　　第四节　要素维——竞争性选拔规制方式集成 ………… (128)
　　第五节　本章小结：规制三维矩阵 ………………………… (141)

第五章　竞争性选拔规制改革建议 ……………………… (144)
　　第一节　竞争性选拔规制改革取向 ………………………… (144)
　　第二节　竞争性选拔规制改革路径 ………………………… (148)
　　第三节　建构竞争性选拔规制绩效指数 …………………… (159)
　　第四节　本章小结：改革进行时 …………………………… (163)

第六章　研究总结与研究展望 …………………………… (165)
　　第一节　研究总结 …………………………………………… (165)
　　第二节　研究展望 …………………………………………… (169)

参考文献 ………………………………………………………… (171)

绪　论

第一节　研究背景

人力资源竞争本质上是选人用人制度机制的竞争。本书选定竞争性选拔制度安排层面的问题作为研究课题，既源于竞争性选拔问题的客观历史性，更直接源于中共中央分别于1995年2月9日、2002年7月9日和2014年1月14日印发的《党政领导干部选拔任用工作条例》（简称《干部任用条例》），以及党政机关事业单位、国有企业遵循《干部任用条例》开展的竞争性选拔实践及其风险。

一　竞争性选拔问题的历史性

领导是人力资源中的优秀部分。竞争性选拔领导人选是人才选拔中的高端活动，这是因为领导者在现实生活中历来具有压倒性的突出地位和重要作用。"欲流之远者，必浚其泉源。"抓住领导干部这个"关键少数"，就抓住了"牛鼻子"。领导考选起源于中国，约有5000多年的历史。孙中山先生曾指出："现在各国的考试制度，差不多都是学英国的。穷流溯源，英国的考试制度原来还是从我们中国学过去的。"①

在原始社会的禅让制、西周的世袭制、春秋战国的客卿制之后，经历汉朝的察举制，兴隆于魏晋南北朝的九品中正制，发端于隋唐、长兴至清末的科举制度，构成了中国古代领导考选发展的主流。同时也形成了一些经典的中国古代领导素质理论。科举制度随着近代中国历史的结束而结束。孙中山领导和影响下的中华民国在形式上确立"五权分立制"，设立立法、行政、司法、考试、监察五院；先后公布《考试法》、《典试法》等法律法规，初步构成现代文官制度的法律体系形式。西方领导考选的直接源头是中国的科举制度，其发展主线为：18世纪90年代开始在引进科举制度的基础上，不断引入心理学研究成果和智力、能力、成就、人格测验等，建立完善文官考试制度或公务员制度（于20世纪80年代中期再向中国输出）；同时围绕领导素质（特质）研究，与人力资源管理研究包括领导科学、行为科学、组织理论等相联结。

中国共产党坚持党管干部原则，在民主集中制的根本制度下实行选举制和委任制。改革开放以来，传统委任制（直接委任和考察委任）向现代委任制（荐举委任和考选委任即竞争性选拔）拓展；同时在党史党建、政治学、领导科学、心理学、管理学（人力资源管理）等相关学科方面也取得了较丰硕的成果。

二 研究问题的提出

任何一项研究一般源自研究者的两项判断：一是感性判断；二是理性判断。

研究缘起之一：实践感知

笔者自1997年从华中理工大学工商管理学院（现为华中科技

---

① 苏廷林：《当代国家公务员制度的发展趋势》，中国人事出版社1993年版，第24页。

大学管理学院）调至深圳市委组织部下属深圳市高级经理评价推荐中心（深圳市高级人才测评中心）。该中心具有以下四个方面的基本职能。一是竞争性考试与高级人才测评。包括：市（区）党政机关和事业单位处（科）级以上领导干部公开选拔、竞争上岗的职位信息发布与考试业务；全市参照公务员管理单位工作人员录用考试业务；市属企业董事会、监事会和经营班子成员的资质认定业务；市属企业中层以上经营管理人员公开招聘、竞争上岗的测评业务。此外，承接市内外各种类型的委托测评业务。二是经理人才搜寻。面向国内外，通过各种渠道搜寻储备各类企业经营管理人才，建立"经理人才信息库"经理人资质评价。建立科学的评价标准体系，客观公正地评价各类企业经理人才的资质，颁发资质证书。三是经理人才推荐。承办高级经理市场和网上经理市场，为各类企业遴选推荐高素质的经营管理人才。四是其他服务。接受各类企业委托，开展企业管理咨询顾问服务。笔者主要负责或参与上述职能中的竞争性考试与高级人才测评、经理人资质评价及其他服务工作，参与经理人才搜寻和经理人才推荐工作，还专门负责全国领导干部选拔考试通用题库深圳分题库建设工作，并应邀参与某央企公开招聘董事长、总经理考试测评命题工作，应邀赴市外、省外主持竞争性选拔考试测评命题、担任主考官等工作。鉴于这些实践感知，有几个问题一直在头脑中萦绕：第一，是什么动力驱动地方组织对竞争性选拔或热衷追捧或困顿疑惑或冷漠阻碍？第二，究竟是优先技术研发还是制度建设方能更好地推进维护、改进完善竞争性选拔健康发展？

2008年，笔者被安排至深圳市委党校负责筹建领导干部考评（研究）中心。一是继续竞争性选拔考评实践；二是开展竞争选拔相关技术研发和课题研究；三是为竞争性选拔各方参与者分别教授相关理论与方法。2013年全国组织工作会议，尤其是2014年版《干部任用条例》颁布后，在为党校学员解读《干部任用条例》的同时，一直试图解惑这样几个问题：就竞争性选拔而言，《干部任用条例》1995年版可以视为是一种孕育性条例；2002年版可以视为是一种鼓励性条例；而2014年版则可视为是一种限制性条例。鼓励性条例下的竞争性选拔出了什么问题？产生了哪些风险？是制度安排本身的缺陷、是党纪法规条款的缺失、还是规制监管不力？而限制性条例下的竞争性选拔又应如何规制监管？为什么竞争性选拔会从"泛用趋势"走向"慎用趋势"？

研究缘起之二：理性反思

在笔者近年主持完成的深圳市哲学社会科学"十二五"规划课题和广东省党校（行政学院）系统哲学社会科学"十二五"规划项目等关于竞争性选拔制度研究中，发现自改革开放以来，在竞争性选拔甚至更为广泛的领导干部选拔任用问题上时常出现貌似林林总总的争论与争议，实则可概括为是一种深切关注领导干部选拔任用问题的"风险话语[①]"体系，认为领导干部选拔任用尤其是竞争性选拔隐含了一种风险，这个问题也作为社会整体一部分清晰地出现在国人面前。据笔者的经验观察和理性反思，发现这些话语中有一个主题转换：从直接委任、考察委任问题到荐举（民主推荐）委任问题再转向考选（竞争性选拔）委任问题——尽管老的问题并没有被新的问题所替代；从委任模式、主要议题、争论内容、参与者、专家/公众作用以及风险规制方式的结构性分析来看，领导干部选拔任用"风险话语"体系从20世纪80年代始至今日可分为以下四个阶段：

第一阶段是20世纪80年代，主要议题是直接委任、考察委任风险及其规制问题，争论的内容主要是任人唯亲、任命失察与风险，参与者主要是规制者，专家、公众的作用从被排斥在外到逐步

[①] 李瑞昌：《社会变迁中的风险话语：发展的视角》，《人文杂志》2005年第5期，第153—157页。

引入，运用考察委任、试用荐举委任规制直接委任。

第二阶段是1995年版《干部任用条例》颁布前后，主要议题是考察委任及其规制问题，争论的内容主要是考察中的失真失实与风险，参与者主要是规制者和专家，公众开始关注风险，运用荐举委任、试用考选委任规制直接委任、考察委任。

第三阶段是2002年版《干部任用条例》颁布前后，主要议题是荐举委任及其规制问题，争论的内容主要是考察中的唯GDP取人和民主推荐与民主测评中的唯票取人、拉票贿选与风险，参与者主要是规制者和专家学者，公众大规模参与，运用考选委任规制直接委任、考察委任、荐举委任。

第四阶段是2014年版《干部任用条例》颁布前后至今，关注的主题是考选委任及其规制问题，争论的主要内容是考试测评中的信度效度、考试舞弊、高分低能、唯分取人以及唯GDP、唯票、唯年龄取人与风险，参与者主要是规制者和专家学者，公众网民广泛参与并多方质疑，焦点是竞争性选拔的现代性反思，组织集体责任成为关键词，已开始运用2014年版《干部任用条例》规制直接委任、考察委任、荐举委任和考选委任。

三 选拔风险的促发

中共中央下发的《2010—2020年深化干部人事制度改革规划纲要》明确提出要"加大竞争性选拔干部工作力度。到2015年，每年新提拔厅局级以下委任制党政领导干部中，通过竞争性选拔方式产生的，应不少于三分之一"。在该《纲要》指导下，全国竞争性选拔态势呈井喷式增长。

针对井喷式增长带来的选拔风险，习近平在全国组织工作会议上的讲话（2013年6月28日）中强调指出："把好干部选用起来，需要科学有效的选人用人机制。要紧密结合干部工作实际，认真总结，深入研究，不断改进，努力形成系统完备、科学规范、有效管用、简便易行的制度机制。"① 因此，要特别注意研究新情况新问题，如领导干部竞争性选拔范围与规模、民主推荐与民主测评、选拔考试与测评等问题。

竞争性选拔范围与规模问题。一是动辄面向全国选拔，劳民伤财，招进女婿气走儿；二是将竞争性选拔作为主要甚至唯一方式；三是硬性规定竞争性选拔比例1/3甚至1/2，甚至"凡提必竞"、"凡竞必考"；四是将严肃的干部工作搞成"海选"、"选秀"、"作秀"，助长了社会对干部选任和干部对正常晋升的浮躁情绪。因此，应着重研究竞争性选拔的"公开性"。

竞争性选拔民主推荐与民主测评问题。突出表现为：一是一些党组织不敢担当、被票绑架，将推荐票作为选举票，简单以票取人；二是参加推荐的人不是出于公心而是心态复杂，投"利益票"、"感情票"、"跟风票"；三是信息不对称，参加推荐的人对被推荐人不甚了解；四是唯票取人致使拉票者得利、"老好人"得利、坚持原则者吃亏，致使一些干部因为怕丢票当"老好人"、不敢担当，甚至拉票贿选；五是拉票贿选，惩治不力、屡禁不止。因此，"要完善工作机制，推进干部工作公开，坚决制止简单以票取人的做法，确保民主推荐、民主测评风清气正。②"让领导人选不再为票纠结。

竞争性选拔考试与测评问题。一是"一考定音"；二是重知识轻能力，"高分低能"；三是造就了一批"考试专业户"；四是考试测评不科学。因此，要科学设置资格条件和考试方法，让干得好的才能考得好，考出干部真水平、真本事。让领导人选不再为分数纠结。

有一些地方缺乏统筹规划，未将现代委任（竞争性选拔）与

---

① 中共中央宣传部：《习近平总书记系列重要讲话读本》，学习出版社、人民出版社2014年版，第146页。

② 同上。

传统委任（日常选拔任用）很好地衔接、融合起来，在具体操作中不够规范；领导干部竞争性选拔考察环节存在异地考察失真失实的问题；有些地方在领导干部竞争性选拔工作中，还存在成本偏高等问题。

上述问题，是竞争性选拔风险的集中表现，这在2013年6月28日至29日于北京召开的五年一度的全国组织工作会议上，已被高度重视。十八届三中全会又强调，要"改进竞争性选拔干部办法"。2014年3月全国领导干部考试测评工作座谈会，首次提出了"风险"概念，强化风险意识，要求切实加强题库建设、工具研发应用和日常考试测评服务风险排查和防控。十八届四中全会则强调，要"加强党内法规制度建设"。选拔风险促发了在风险视域下从党纪国法、风险理论与规制理论等视角展开竞争性选拔规制等方面的研究。

第二节 研究目的及意义

研究背景提出了问题也就指向了研究的目的及意义。为竞争性选拔规制决策提供依据，是本书的研究目的，其研究具有较强的理论意义和实践意义。

一 研究目的

竞争性选拔带来的一系列选拔失灵和选拔风险，都会给领导人员队伍建设质量、选人用人公信度和公众利益带来严重危害。通过深入地剖析竞争性选拔风险、选拔失灵和规制风险、规制失灵现象，可以发现这些现象背后的实质是计划经济模式与市场经济模式的冲突，是传统委任制向现代委任制拓展的代价。因此，探索新时期竞争性选拔规制问题，无论对政策的制定者还是被实施者来说都是十分重要的问题。

由于竞争性选拔和领导人选本身的特殊性，竞争性选拔和领导人选存在的风险隐患无法被领导人选任用者尤其是公众在任用前所察觉，很容易演变成覆盖面广、影响严重的公共事件。竞争性选拔风险的发生，降低了选人用人公信度，增加了公众对竞争性选拔的质疑和诟病。因此，确有必要对竞争性选拔风险进行规制方面的研究。竞争性选拔风险规制就是为了从制度上保障竞争性选拔质量而制定的坚持党管干部原则的规制政策。

本书的研究目的正是要通过规制竞争性选拔风险问题，以降低由于社会经济快速发展而带来的竞争性选拔风险，并力求实现四种类型的规制目标：一是规制使命目标，即坚持党管干部原则，完善领导干部队伍建设；二是规制运行目标，设置一个使领导职位及其人选资源配置效率最大化的风险规制机制，以有效和高效率地使用领导职位及其人选资源；三是规制质量目标，降低竞争性选拔风险的同时，提高竞争性选拔质量的可靠性；四是规制合规目标，符合竞争性选拔规制立法原则和党纪法规的要求。

因此，风险视域下竞争性选拔规制研究的目的，就是通过研究竞争性选拔风险和选拔规制风险等问题，分析竞争性选拔风险、选拔规制风险的根源，构建全面风险管理框架下的竞争性选拔规制体系，设计合适的竞争性选拔规制改革路径，为规制竞争性选拔风险决策提供依据。

二 理论意义

风险视域下竞争性选拔规制研究首先具有极强的理论意义，主要体现在以下三个方面：

首先，当下的竞争性选拔问题，不仅仅是个选拔技术问题，更是个制度安排问题。竞争性选拔是一个创新系统，竞争性选拔制度创新和竞争性选拔技术创新是其不可或缺的两个组成部分。竞争性选拔制度和竞争性选拔技术构成一个相互联系、相互推进的有机整体，唯有二者整合在一起，相互补充和相互作用，才使竞争性选拔行为得以实现、系统得以运行。正是由于竞争性选拔技术创新和竞争性选拔制度创新此起彼伏的矛盾运动、螺旋式上升过程，才构成了竞争性选拔创新系统的不断发展。而基于当下的竞争性选拔风险现实，与竞争性选拔制度建设、制度安排相关的制度理论研究尤为重要。

其次，研究竞争性选拔规制问题，对于系统研究探索委任制理论与实践具有重大的认识意义。譬如，竞争性选拔究竟属于选任制还是属于委任制，是"赛马"还是"相马"，都是亟待探讨的理论与实践问题。事实上，竞争性选拔是委任制拓展创新的产物。因此，竞争性选拔规制研究，对于进一步探索委任制理论与实践具有重大的认识意义。由于竞争性选拔是我国干部人事制度的重要部分，因此，竞争性选拔规制研究，还能够深化对我国现实进行的干部人事制度变迁的认识。

最后，从竞争性选拔研究现状来看，据本书目力所及，暂未发现从风险视域研究竞争性选拔问题，也未发现以规制理论研究竞争性选拔问题，或将风险与规制结合起来研究竞争性选拔问题。这种研究现状表明：本书的选题——风险视域下竞争性选拔规制研究，对于竞争性选拔研究的多重视角而言，在同领域研究中具有一定的相对性创意，可能丰富、深化竞争性选拔系统研究。

三　实践意义

风险视域下竞争性选拔规制研究具有较强理论意义的同时也具有重大的实践意义，主要体现在以下三个方面：

第一，对于改进完善竞争性选拔，具有重要的实际应用价值。竞争性选拔从试验推广到作为领导干部选拔任用方式之一，还不一定成熟，发展也不均衡，还存在较大风险。尽管竞争性选拔技术也亟待提高，但关键在于建成竞争性选拔所必需的制度安排和规制体系，才能使竞争性选拔得以改进完善。改革至今，还未完全实现竞争性选拔的制度要求，改进完善竞争性选拔健康发展的制度规制体系还比较脆弱。因此，风险视域下竞争性选拔规制研究成果，对实施竞争性选拔、改进完善竞争性选拔、促进竞争性选拔健康发展，具有重要的实际应用价值。

第二，对于完善委任制，具有重要的指导意义。竞争性选拔是委任制拓展创新的产物，具有双重性：一方面具有"赛马"竞争性；另一方面仍具有"相马"委任性。对竞争性选拔规制的系统研究，将不可避免地分析到委任制对竞争性选拔的规制"重构"。而对竞争性选拔的规制"重构"，也将为进一步完善委任制提供新的思路和方式。对于理性地把握干部人事制度改革事业，同样具有重要的指导意义。

第三，对于提高选人用人公信度，具有十分重要的现实意义。竞争性选拔风险是不以人的意志为转移的客观存在。竞争性选拔具有典型的信息不对称、负外部性等特征，呈高风险状态。领导职位作为一种稀缺公共资源没有排他性却有激烈的竞争性，使之可能成为负外部性的多发地带，甚至造成"公地悲剧"（未受规范的公地之悲剧）或曰"公有资源的灾难"。现阶段竞争性选拔风险仍然高企，将造成竞争性选拔领导人选平均质量下降、组织任用和用人单位领导职位效用降低，引起领导职位及其人员资源配置的扭曲，且势必导致竞争性选拔声誉风险。声誉风险包括竞争性选拔公信力的波动，领导人选质量风险导致的声誉变化，以及选人用人公信度。只有对竞争性选拔风险进行有效的规制，才能够为竞争性选拔提供一个良好的发展环境，防止竞争性选拔风险对领导干部队伍建设和公众福利造成威胁。竞争性选拔规制对策的设置，不仅是从政治经济上促进领导人员队伍建设健康发展的需要，也是从制度上维护公众利益的需要。因此，探讨竞争性选拔规制，对确保领导人员队伍建设的健康发展，对选人用人公信度和公众利益具有十分重要的现实意义。

第三节 研究内容及研究方法

一 研究内容

笔者认为，风险视域下的竞争性选拔规制研究，至少应该对以下5个重要方面的内容进行系统的探索。

其一，归纳整理竞争性选拔规制理论基础及相关研究现状。涉及与本书研究主体相关的竞争性选拔、制度、风险、规制等基本概念的阐释与界定，以及竞争性选拔制度、风险理论、规制理论等理论基础及相关研究现状。通过归纳整理竞争性选拔规制理论基础及相关研究现状，把握这些理论与方法对本书研究的借鉴与运用，为本书后续研究提供可靠的理论与方法依据。

其二，竞争性选拔规制变迁分析。包括归纳改革开放30多年来的竞争性选拔规制变迁历程，分析竞争性选拔规制变迁的阶段划分及其特征，总结竞争性选拔规制变迁方式的总体特征和竞争性选拔规制成效。通过竞争性选拔规制变迁分析，为本书后续研究夯实历史铺垫和现实基础。

其三，竞争性选拔风险及其规制风险辨识。这是本书研究的重点之一，包括竞争选拔风险表象、制度性风险与非制度性风险、制度性风险类型及其关系分析、规制体系中的风险因素分析、规制方式中的风险点分析等。通过竞争性选拔风险及其规制风险分析，为后续的竞争性选拔规制结构体系的构建和竞争性选拔规制改革建议提供现实依据。

其四，竞争性选拔规制体系研究。这是本书研究的难点之一，即全面风险管理框架下的竞争性选拔规制三维结构体系的构建。涉及规制体系构建的基本思路和基本原则、全面风险管理框架、三维结构的确立等。三维结构包括：（1）目标维。探讨规制目标体系，如规制使命目标、规制体系运行目标、规制质量目标、规制合规目标及规制立法原则等。（2）层级维。应设立哪些层级的规制主体机构？各层级规制主体机构有哪些特征？规制主体机构的权威性、独立性该不该又该如何制衡？（3）要素维。包括自我规制中的程序性规制（过程规制、程序规制）和实体性规制（工作指令、操作准则）、公共规制中的社会性规制（信息规制、标准规制）和经济性规制（激励性规制、威慑性规制）等规制方式集成，侧重探讨这些规制方式的必要性或重要性、可行性，这些规制方式的各自特征、应用设计以及如何运用等。

其五，竞争性选拔规制改革建议研究。着重分析竞争性选拔规制改革取向，包括完善委任制、丰富健全党规国法、提高选人用人公信度等；探索竞争性选拔规制改革路径，包括积极应对竞争性选拔风险的挑战，建立竞争性选拔有效性的竞争基础，增强竞争性选拔规制机构的独立性，规制规制者，改革单一命令规制方式、引入多种替代性规制措施等；并要探讨竞争性选拔规制绩效指数及其指标体系，为将来综合评价竞争性选拔规制绩效提供有效工具。

二 研究方法

研究问题决定研究方法。本书的研究问题决定了本书的研究方法主要采用文献研究法、历史研究法和跨学科研究法。

1. 文献研究法

本书围绕竞争性选拔、风险理论、规制理论等主题，通过对数据库和相关网站等文献查阅、搜集、归类整理、鉴别评价，分析研究已有的学术文献、书籍、党纪法规及指南文件等，系统回顾、阐释、综合述评与本书主题相关的研究成果，为科学认识风险视域下的竞争性选拔规制奠定研究基础。

2. 历史研究法

本书运用历史研究法，收集整理与本书主题相关的竞争性选拔30多年的事实材料，总结分析竞争性选拔规制变迁阶段及其特征，为本书后续的风险分析、规制体系构建与改革建议等提供依据。

3. 跨学科研究法

本书运用风险理论、规制理论与方法及其成果从整体上对竞争性选拔进行综合研究，并对规制理论与方法的运用，有两点方法论意义上的引申与拓展①：

其一，从"规制范围"到"规制性质"。以规制经济学为例，本书使用或运用经济规制和社会规制研究竞争性选拔，强调的是经济规制和社会规制的规制性质，而不是规制范围，"不必在意规制对象是经济性活动还是社会性活动，更不必在意规制手段是经济性手段还是社会性手段"②。

其二，从"政府规制"到"公共规制"。规制经济学中的"政府"强调的是公共机构，多指"广义政府"。本书采用"公共规制"的提法，有两层含义：一是"规制经济学所指的广义政府绝不应只是国务院及以下的各级政府，这也不符合中国的现实情况"；二是重视竞争性选拔的自我规制乃坚持党管干部原则的题中之意，但在加强竞争性选拔自我规制的同时，也要强化政府规制，为避免或减少政府规制提法与党管干部原则可能引起的疑义，本书采用"公共规制"的提法。本书将公共规制、政府规制作为同一层面的意思即"同义语"进行理解，同时，对于本书所引用文献中使用的政府规制，不改变其表述，另外，也遵循一些习惯的用法。

---

① 于立：《规制经济学学科定位中的几个问题》，《产业经济研究》2004年第4期，第1—5页。

② 雷华：《政府规制理论与实证研究》，西北工业大学博士学位论文，2007年，第10页。

第四节　本书总体结构和主要创新点

一　本书总体结构

全书共分七章，具体内容如下：

绪论。包括研究背景、目的及意义、内容与方法等。

第一章，竞争性选拔规制理论基础及相关研究现状。主要包括竞争性选拔制度、风险理论、规制理论等理论与方法及相关研究现状。

第二章，竞争性选拔规制变迁分析。包括竞争性选拔规制变迁历程、竞争性选拔规制变迁的阶段划分及其特征、竞争性选拔规制变迁方式、竞争性选拔规制成效。

第三章，竞争性选拔风险及其规制风险辨识。包括竞争选拔风险表象、制度性风险与非制度性风险、制度性风险类型及其关系分析、规制体系中的风险因素分析、规制方式中的风险点分析等。

第四章，竞争性选拔规制三维结构体系的构建。主要从目标维、层级维、要素维三个维度，构建全面风险管理框架下的竞争性选拔规制三维结构体系。目标维即竞争性选拔规制目标及立法，层级维即竞争性选拔规制主体机构，要素维即竞争性选拔规制方式集成。

第五章，竞争性选拔规制改革建议。主要包括竞争性选拔规制改革取向和改革路径，以及建构竞争性选拔规制绩效指数等。

第六章，研究总结与研究展望。通过前六章的研究与分析，进行研究总结与研究展望，为今后进一步研究相关问题奠定基础。

本书的总体结构框架如图0—1所示。

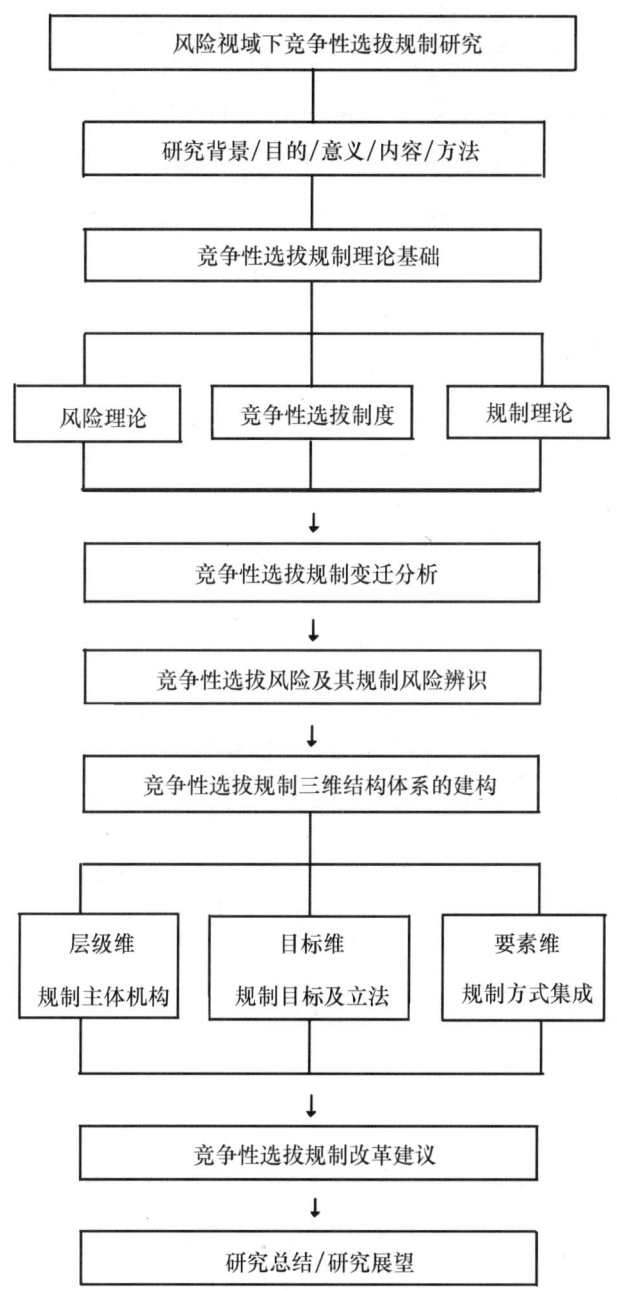

图0—1 本书总体结构框架

二　主要创新点

第一，归纳了我国竞争性选拔规制的发展阶段及其特征，以及规制变迁方式。发展阶段及其特征为：1980—1992 年为规制开启与确认阶段；1992—2002 年为规制规范与实施阶段；2002—2012 年为规制立法与执行阶段；2012—2014 年至今正进入规制评估与创新阶段。变迁方式为：以 2002 年 7 月 9 日中共中央正式颁布《党政领导干部选拔任用工作条例》（专门增设"公开选拔与竞争上岗"一章）为分界点，之前为诱致型渐进式变迁过程，之后为供给主导型变迁过程。

第二，辨识了我国竞争性选拔存在的选拔风险表象、制度性风险与非制度性风险、制度性风险类型及其关系，以及选拔规制风险等。主要结论为：我国产生国有企业领导人员和党政机关事业单位领导干部的方式，正处于传统委任制（直接委任和考察委任）向现代委任制（荐举委任和考选委任即竞争性选拔）拓展的改革时期，这个过程伴随着大量选拔风险和选拔规制风险。现阶段竞争性选拔中选拔风险与选拔规制风险并存，反映了传统委任制与现代委任制及其选拔机制与选拔规制磨合中的失控现象。竞争性选拔风险按起因可分为内在/固有风险和外在/偶然风险。人为因素所导致的风险是外在风险，它又可分为非制度性风险与制度性风险两大类。制度性安排对非制度性风险既有正向作用又有反向作用，制度性风险是选拔风险的主要风险根源并且通过非制度性风险发生作用。制度性风险又可分为直接委任制风险（R_A）、考察委任制风险（R_B）、荐举委任制风险（R_C）和考选委任制风险（R_D）四类风险。R_A 类风险主要包括任人唯亲和用人失察失当等风险；R_B 类风险主要包括 R_A 风险和考察中的失真失实等风险；R_C 类风险主要包括 R_A、R_B 风险和民主推荐民意测评中的贿选拉票等风险；而 R_D 类风险则主要包括 R_A、R_B、R_C 风险和考试测评中的舞弊、信度效度及高分低能等风险。四类制度性风险的关系既是一种包含关系又是一种规制关系。从 R_A 到 R_B 到 R_C 再到 R_D，呈包含包容关系，虽其风险种类逐步增多、风险数量逐步增大，呈递增关系，但从 R_D 到 R_C 到 R_B 再到 R_A，为风险规制关系，其风险度则将逐步减小，呈递减关系，而选人用人公信度则将逐步提高。对选拔风险进行规制的同时，又会产生选拔规制风险。选拔规制风险在规制体系中的主要风险因素包括机制性障碍、立法的公开性/参与性不足、机构的独立性/专业性不强、委托代理间的机会主义行为、忽视规制对象的权益等；在规制方式中的风险点主要包括程序性规制中的职位规制/效度评估、实体性规制中的标准规制、社会性规制中的信息规制、经济性规制中的威慑规制等。

第三，构建了全面风险管理框架下的竞争性选拔规制目标、层级、要素三维结构体系。目标维度即规制目标，包括规制使命目标、规制运行目标、规制质量目标和规制合规目标；层级维度即规制主体的规制机构，包括党委政府组织、纪委监察机关、组织人事部门和专业选拔机构；要素维度即对竞争性选拔风险进行规制所采取的规制方式集成。竞争性选拔规制方式集成通过自我规制中的程序性规制（过程规制、程序规制）、实体性规制（工作指令、操作准则）和公共规制中的社会性规制（信息规制、标准规制）、经济性规制（激励性规制、威慑性规制）等方式，尽可能达到将竞争性选拔风险最小化的同时实现选人用人公信度和社会净福利最大化的目标。

第四，提出了我国竞争性选拔规制改革的政策建议。建议改革取向是要进一步强化竞争性选拔规制，完善委任制，丰富健全党规国法，提高选人用人公信度。建议改革目标是要降低选拔风险及规制风险，改善选拔质量及规制质量，提高竞争性选拔规制效率。建议改革的主要措施是：积极应对竞争性选拔风险的挑战，建立规制有效性的竞争基础；增强规制机构的独立性；规制规制者；改革单一命令规制方式、引入多种替代性规制措施，包括改革职位规制——科学分类选拔职位，改革标准规制——完善指南文件，改革信息规制——改善信息不对称现象，改革激励规制——激励选拔机构选拔优质领导人选的内在动力，改革威慑规制——加大对竞争性选拔违法行为的惩罚等。建议建构竞争性选拔规制绩效指数，为综合评价领导干部竞争性选拔规制绩效提供有效工具。

第一章 竞争性选拔规制理论基础及相关研究现状

就本书研究主题所涉及范围而言，应该考察的文献主要包括三个方面：一是关于竞争性选拔研究方面的文献；二是关于风险理论研究方面的文献；三是关于规制理论研究方面的文献。本章在阐释竞争性选拔、制度、风险、规制等相关概念以及制度、风险与规制研究述评的基础上，梳理竞争性选拔研究现状和风险理论、规制理论的主要脉络，探寻这些理论和方法对竞争性选拔规制研究的应用。

第一节 相关概念的阐释

一 竞争性选拔

我国领导干部制度主要包括选任制、委任制、考任职、聘任制，而委任制是我国领导干部制度的基础性制度。公开选拔、竞争上岗是党政领导干部选拔任用的方式之一①。改革开放以来，委任制从直接委任制、考察委任制首先向民主推荐即荐举委任制拓展，然后进一步向公开选拔、竞争上岗拓展，即向竞争性选拔制拓展。

---

① 《党政领导干部选拔任用工作条例》第九章"公开选拔和竞争上岗"。

竞争性选拔制与荐举委任制的最大区别是增加了公开报名和考试测评环节，因此，竞争性选拔制也可称为考选委任制。

在委任制下，竞争性选拔是指党委（党组）及其组织（人事）部门面向社会或在本单位本系统，采取公开报名、测试与考察相结合的办法选拔任用党政机关领导干部、事业单位国有企业领导人员的一种提名方式或制度。主要包括但不限于公开选拔、公开招聘和竞争上岗，委任制下的其他选拔提名方式也具竞争性。

竞争性选拔系统由多个要素构成。其组分构成由党委政府、组织人事部门、选拔测评机构、考官队伍、推荐主体、参选客体、用人单位、公众等组成；其程序构成包括动议、发布公告、公开报名、资格审查、履历评价、民主推荐、测试、考察、公示、任用等环节。因此，考选委任包含了荐举委任、考察委任等委任形式。竞争性选拔是现代委任制的全息缩印版。

二 制度

制度的含义比较复杂。按照《辞海》的解释，制度是"要求成员共同遵守的、按一定程序办事的规程"；是"在一定的历史条件下形成的政治、经济、文化等各方面的体系"[①]。新制度经济学家科斯、诺斯等先后荣获诺贝尔经济学奖后，在经济学研究领域更是"言必称制度"。辛鸣的《制度论——关于制度哲学的理论建构》[②] 一书对制度的定义进行了梳理，主要有以下几种[③]：其一，马克思经典作家关于制度的定义：制度是交往的产物，是"社会联系和社会关系"

[①] 《辞海》（缩印本1989年版），上海辞书出版社1990年版，第210页。

[②] 辛鸣：《制度论——关于制度哲学的理论建构》，人民出版社2005年版，第34—47页。

[③] 张向鸿：《中国党政领导干部选拔任用制度研究》，中共中央党校博士学位论文，2014年6月。

所蕴含的规范性内容的体现。其二，制度是一种习惯。制度经济家的创始人凡勃伦就认为制度是"一般思想习惯"①。其三，制度是一种组织。康芒斯认为"制度"就是"集体行动控制个体行动"②。其四，制度是一种规则。其代表人物新制度经济学家诺斯就认为，"制度是社会的博弈规则……用经济学的术语说，制度定义和限定了个人的决策集合"③；Greif（1998）认为，"在博弈论框架中，两个相互联系的制度要素是（关于别人行为的）预期和组织……"④。其五，制度是一种模式。这是美国学者亨廷顿的观点⑤。其六，制度是一个系统。这是日本学者青木昌彦从博弈论角度提出的观点，青木昌彦认为"制度是一种社会建构"⑥。

本书将制度理解为：制度是规范社会关系中个人行为的正式和非正式规则的集合形式。本书从制度的角度来分析竞争性选拔风险问题，将涉及高层即中共中央的干部选拔任用制度安排、中层即组织人事纪检监察机构间监管博弈的制度安排和基层即各级党委政府内部竞争性选拔的制度安排等三个层面的制度安排。

三　风险

风险即未来的不确定性，或预期收益的不确定性⑦。国际标准

---

① ［美］凡勃伦：《有闲阶级论：关于制度的经济研究》，蔡受百译，商务印书馆2002年版，第9页。
② ［美］康芒斯：《制度经济学》（上册），于树生译，商务印书馆1997年版，第181页。
③ North, D. C., *Institutions, Institutional Change and Economic Performance*. Cambridge, U. K. and N. Y.: Cambridge University Press, 1990, pp. 3–4.
④ 转引自［日］青木昌彦《比较制度分析》，周黎安译，上海远东出版社2001年版，第10页。
⑤ ［美］萨缪尔·P. 亨廷顿：《变化社会中的政治秩序》，王冠华等译，生活·读书·新知三联书店1989年版。
⑥ ［日］青木昌彦：《比较制度分析》，周黎安译，上海远东出版社2001年版，第187页。
⑦ ［美］菲利普·乔瑞：《风险价值VAR》，杨瑞琪译，中信出版社2005年版，第1—2页。

化组织于 2009 年发布的《ISO 31000》正式版中，也将风险描述为不确定性①。弗兰克·H. 奈特②诠释了风险与不确定性的关系③。风险并非永远意味着损失。Robert Baldwin④ 认为，风险是指特定时间内某种特定危害发生的可能性或者某种行为、物质引发危害的可能性⑤。

风险也与失灵相联系。失灵本意是指机器、仪器、某些器官变得不灵敏或失去应有的功能，如发动机失灵、听觉失灵、比喻指挥失灵⑥。规制经济学中的失灵包括市场失灵和规制失灵。在竞争性选拔中，由于某种选拔机制失灵会带来某种预期结果如实现领导职位及其人选资源最佳配置、效率最高的不确定性，而与选拔风险相联系。

本书认为，竞争性选拔风险可以被解释为，竞争性选拔主持者和参与者对预期结果的不确定性；也可以将竞争性选拔风险解释为，由于各种因素的影响，竞争性选拔目标能否实现的不确定性，以及竞争性选拔目标何时实现的不确定性。结合风险特性和竞争性选拔特性，可以对竞争性选拔风险进行一个综合性的概念描述，即：在竞争性选拔领导人选过程中，由于人为因素包括制度性因素和非制度性因素，导致竞争性选拔领导人选不符合相关方满意的质

---

① 《ISO 31000》指出：所有类型和规模的组织都面临内部和外部因素的影响，使得它不能确定是否及何时实现其目标；这种对一个组织的目标影响的不确定性即是"风险"。

② [美] 弗兰克·H. 奈特：《风险、不确定性与利润》，安佳译，商务印书馆 2010 年版。

③ 如果一个经济代理人面对的随机状态可以用某种具体的概率值表示（如彩票一样可以客观地确定其概率；否则则是反映个人自己的主观信念），那么，这种随机状态就称为风险；如果一个经济代理人面对的随机状态不能够（至少在目前条件下还不能）以某种实际的概率值表述出可能产生的结果，这种随机状态则称为不确定性。

④ Baldwin, R., eds., Law and Uncertainty: Risks Legal Processes, *Kluwer Law International*, 1997, pp. 1–2.

⑤ 如果一种风险是透明的，它表现为与预期结果之间存在着一定的偏差，那么，这种结果就不必然表现为损失，在某些情况下，它还可能成为一种收益。

⑥ 中国社会科学院语言研究所词典编辑室编：《现代汉语词典（修订本）》，商务印书馆 2005 年第 5 版，第 1227 页。

量,从而对领导人选任用、选人用人公信度和公众利益带来损害的风险即不确定性。竞争性选拔风险是可以通过规制予以削减的风险。

四 规制

在汉语中,规制、管制、监管的含义有所不同。根据《现代汉语词典(修订本)》的解释,规制指规则和制度、(建筑物的)规模形制;管制指强制管理、对罪犯或坏分子施行强制管束;监管指监视管理、监督管理[①]。但在英语中,规制、管制、监管这三个词都译自 regulation。本书在将 regulation 理解为规制的同时,将规制、管制、监管作为同一层面的意思即"同义语"进行理解,同时,对于本书所引用文献中使用的管制、监管,不改变其表述,另外,也遵循一些习惯的用法。

规制又常常被用作对政府规制(government regulation)的简称,指政府用"看得见的手"对"看不见的手"的干预。它起源于与"交换"相关的正式或非正式规则[②]。施蒂格勒对规制给出了另一种定义:"规制作为一组规则,是对国家强制权的运用。"[③] 丹尼尔·F. 史普博对规制给予了两个定义:其一,规制是由政府制定并执行的直接干预市场配置机制的一般规则或特殊行为;其二,规制过程是由规制市场中"供需双方"界定的一种博弈[④]。王俊豪则认为政府规制"是政府规制者依照法规对被规制者所采取的行

[①] 中国社会科学院语言研究所词典编辑室编:《现代汉语词典(修订本)》,商务印书馆 2005 年第 5 版,第 514、505、663 页。

[②] Ekeland. R. B, Jr., The foundations of economics. Vol. I. Edward Elgar Publishing Limited Cheltenham, UK – Northamptm. 1998.

[③] Stigler, G. J., The Theory of Economics Regulation. *Journal of Economies and Management Science*, 3, 1971, pp. 3 – 18.

[④] [美] 丹尼尔·F. 史普博:《管制与市场》,余晖等译,上海人民出版社 1999 年版,第 54、47 页。

政管理与监督行为"①。

本书将竞争性选拔规制理解为，规制者（主要是党委）坚持党管干部原则、依据有关党纪国法，对被规制者（主要是用人单位和领导人选参与者）过度利用竞争性选拔制度缺陷而引发的竞争性选拔风险进行直接干预和控制的组织行为。竞争性选拔规制分为竞争性选拔自我规制和竞争性选拔公共规制。自我规制主要包括程序性规制和实体性规制；公共规制主要包括社会性规制和经济性规制。

五 制度、风险与规制研究述评

对制度、风险与规制研究的简略述评如下②：

（一）古典经济学的相关研究

理查德·坎蒂隆认为，制度安排既可以产生也可以防范风险。他认为支付制度和担保制度可以防范挤兑风险③。

亚当·斯密的《国民财富的性质和原因的研究》也论述了制度安排既可以产生也可以防范风险。他认为，为避免货币输出风险就必须建立汇兑制度④。他还认为，铸币制度下的劣币驱逐良币，使"拥有大量通货的商人，不能常常找到足够的良币来兑换他们的汇票"⑤。因此，银行信用制度可以防范汇票价值不确定的信用风险⑥。

（二）马克思经济学的相关研究

马克思认为，生产力和生产关系的矛盾运动是推动社会进步的

---

① 王俊豪：《政府管制经济学导论——基本理论及其在政府管制实践中的应用》，商务印书馆2001年版，第1页。
② 神玉飞：《中国银行业制度风险规制研究》，复旦大学博士学位论文，2008年。
③ ［爱尔兰］理查德·坎蒂隆：《商业性质概论》，余永定、徐寿冠译，商务印书馆1986年版，第149—150页。
④ ［英］亚当·斯密：《国民财富的性质和原因的研究》（下卷），郭大力、王亚南译，商务印书馆2002年版，第46页。
⑤ 同上书，第5页。
⑥ 同上书，第51—52页。

根本动力。从马克思经济学的论述中可以发现，从原始社会到奴隶社会到封建社会到资本主义社会，再到社会主义社会到共产主义社会，每一次社会风险危机的爆发都是源于旧有的生产力和生产关系（旧制度安排）的矛盾冲突，而每一次社会风险危机的化解又都是源于新的生产力和生产关系（新制度安排）的建立。

在微观层面，从对皮尔法令的论述中①，同样可以发现，马克思恩格斯也认为，制度安排既可以产生也可以防范、消除风险，如银行制度安排不当可能导致金融风险；又如，关税制度安排可以降低甚至消除英国工业受到德国和法国商品致命打击的风险②。

（三）制度经济学的相关研究

以科斯等人为代表的新制度经济学派同样认为，制度安排既可以产生也可以防范、规避风险。新经济史理论创始人道格拉斯·诺斯就认为，"国家的存在是经济增长的关键，然而国家又是人为经济衰退的根源"③（著名的"诺斯悖论"）。

更侧重于从微观层面研究制度与风险治理关系的威廉姆森则强调，治理制度安排既可以产生也可以防范、规制交易中存在着的不确定性即风险④。

（四）制度、风险与规制研究点评

上述研究表明：制度、风险与规制是一个古老的课题，在任何时候都存在于任何经济领域之中；已有的研究都认为，制度安排既可以产生风险，也可以防范、规避、治理、规制、消除风险。

---

① 《马克思恩格斯全集》第 12 卷，人民出版社 1998 年版，第 345 页。

② 《马克思恩格斯全集》第 3 卷，人民出版社 2002 年版，第 409 页。

③ ［美］道格拉斯·C. 诺思：《经济史上的结构和变革》，厉以平译，商务印书馆 2002 年版，第 2 页。

④ 威廉姆森的研究正是以降低交易成本为出发点，致力于讨论不同的治理制度的有效性。威廉姆森依据资产的专用性程度和交易的频率高低将治理结构分为四种，并提出了四种不同规制结构与之一一匹配。每一种规制结构都能将该种治理结构中的不确定性降到最低（参见［美］奥利弗·E. 威廉姆森《资本主义经济制度》，段毅才、王伟译，商务印书馆 2004 年版，第 114—115 页）。

第二节 竞争性选拔研究现状

基于国有企业、事业单位、党政机关实践公开招聘或市场化选聘、公开选拔、竞争上岗等竞争性选拔的方式、层次、范围在不断探索和创新，学者们对此表现出了相当的研究兴趣，竞争性选拔已成为党的建设、政治学、管理学、人力资源管理、心理学、经济学、社会学以及考试学等学科的热点议题。

任利成、白宪生、鲁锦涛[1]通过对万方数据和中国知网收录的1982—2010年间有关竞争性选拔的研究文献进行梳理，将竞争性选拔研究归纳为理论研究和实证研究两条主线。李木洲[2]在《公开选拔党政领导干部制度研究综述》中将现有研究分为变迁、本体、比较、应试、技术和问题等6类研究。

据本书目力所及，这种研究现状在近年并没有大的改变，虽增加了关于竞争性选拔质量方面的研究，但还未发现从风险管理视角研究竞争性选拔规制方面的文献。通过归纳和分析与竞争性选拔相关的研究文献，现将有关研究成果按制度研究、技术研究、问题研究三大类归纳整理如下。

一 竞争性选拔制度研究

（一）变迁研究

较具代表性的有吴瀚飞的"四分法"[3] 和王旸的"三分法"[4]

---

[1] 任利成、白宪生、鲁锦涛：《竞争性选拔情境中社会网络及其演化研究》，《华东经济管理》2011年第25卷第3期，第125—132页。

[2] 李木洲：《公开选拔党政领导干部制度研究综述》，《理论月刊》2011年第2期，第75—78页。

[3] 吴瀚飞：《中国公开选拔领导干部制度研究》，中国社会科学出版社2002年版，第66—71页。

[4] 王旸：《新时期党的干部制度建设》，中共党史出版社2006年版。

两种。中共中央组织部领导干部考试与测评中心在《党政领导干部公开选拔和竞争上岗考试测评工作指导手册》中继承并改进了"四分法"①。梁丽芝、韦朝毅梳理了近30年来我国公开选拔制度变迁的历程②。龚建桥分析了竞争性选拔制度变迁现状、变迁方向和变迁策略③。

(二) 本体研究

吴瀚飞较系统地分析了我国干部任用制度的哲学基础及其在中国政治中的地位和作用,分析了公选制度的结构功能、技术体系、运行原理和创新途径④。胡宗仁认为竞争性选拔制度是糅合推荐制、选举制、考试制的一种"制度集合体",其逻辑起点是"选拔",其效用的大小关键在于制度本身所蕴含的民主化与科学化的成分及可操作程度⑤。王奇从五个维度阐述了竞争性选拔的内涵,并提出竞争性选拔的基本理念⑥。萧鸣政对我国领导干部公开选拔任用制度的概念形成、制度化基础、发展过程及其实践形式进行了基础分析⑦。梁丽芝认为对公开选拔领导干部制度的基本内涵、本质与功能进行系统分析⑧。梁丽芝、莫俊(2012)

---

① 中共中央组织部领导干部考试与测评中心:《党政领导干部公开选拔和竞争上岗考试测评工作指导手册》,党建读物出版社2010年版,第1—3页。

② 梁丽芝、韦朝毅:《公开选拔干部制度的制度变迁与发展趋势》,《中国行政管理》2010年第3期,第70—74页。

③ 龚建桥:《公务员竞争性选拔制度变迁分析》,《开放导报》2012年第3期,第30—33页。

④ 吴瀚飞:《中国公开选拔领导干部制度研究》,中国社会科学出版社2002年版,第15—32、107—162页。

⑤ 胡宗仁:《竞争性选拔的制度属性、逻辑起点及效用分析》,《江海学刊》2009年第2期,第111—115页;《竞争性选拔制度的功能分析》,《江苏行政学院学报》2009年第6期,第99—104页。

⑥ 王奇:《论竞争性选拔干部的科学内涵与基本理念》,《南京社会科学》2010年第12期,第63—67页。

⑦ 萧鸣政:《关于当前我国领导干部公选制问题的探讨》,《北京大学学报》(哲学社会科学版)2011年第48卷第6期,第92—99页。

⑧ 梁丽芝:《公开选拔领导干部制度绩效评价:内涵、本质与功能》,《中国行政管理》2013年第1期,第68—71页。

通过 SWOT 分析法对影响公开选拔领导干部制度的要素进行逐一分析，以期完善我国领导干部选拔制度①。龚建桥构建了竞争性选拔制度的"六六制"结构体系，提出了竞争性选拔制度运行的公平竞优原理②。

（三）比较研究

赵洪俊③、廖平胜④认为，尽管公选考试与古代科举考试存在性质、目的之本质差别，两者各有特定的产生原因和时代价值，但现行竞争性选拔考试是对古代科举考试合理继承与创新的结果。

二 竞争性选拔技术研究

竞争性选拔的实践性很强，必须依靠科学的选拔技术。目前关于竞争性选拔技术的研究文献，集中体现在考评技术系统和胜任力研究、考试考务研究、应试研究等几个方面。

（一）考评技术系统和胜任力研究

龚建桥对改善考评技术系统运行基础——职位分析、构建考评技术系统运行模型——胜任模型、整合考评技术系统运行体系——评价中心、创新考评技术系统运行载体——电子测评、反馈考评技术系统运行评估——信度效度、驾驭考评技术系统运行机制——考任分离、考评技术运行系统选择——考试型与测评型等进行了较系统的研究⑤。赵国祥、申淑丽、高冬东认为领导干部应具有决策和

---

① 梁丽芝、莫俊：《基于 SWOT 分析的公开选拔领导干部制度的影响要素探析》，《湘潭大学学报》（哲学社会科学版）2012 年第 36 卷第 6 期，第 8—11 页。

② 龚建桥：《竞争性选拔制度结构体系的构建》，《特区实践与理论》2012 年第 3 期，第 52—55 页。

③ 赵洪俊：《公开选拔党政领导干部考试与古代科举考试比较研究》，党建读物出版社 2007 年版。

④ 廖平胜：《科举考试与现行领导干部考试成因及时代价值之比较》，《湖北招生考试》2008 年第 4 期。

⑤ 龚建桥：《干部竞争性选拔考评技术系统研究》，《岭南学刊》2013 年第 3 期，第 62—67 页。

应变等 7 个方面的能力①；王登峰等认为领导干部胜任特征模型由以人为本和协调能力等 7 个维度构成②。陆晓光、朱东华建立了面向胜任特征的公选测评技术选择模型③。

（二）考试研究

目前，竞争性选拔考试质量评价制度还不太完善，从严格意义上讲是没有经过技术保障的④。吴安定认为，竞争性选拔质量关键在于笔试命题的科学性⑤。汪继红分析了公共科目考试结构体系，认为为尽可能地降低和控制偏差失误，最好的方法就是加强反馈控制；关键在于实现公选考试活动的专业化⑥。刘远我考察了面试前有关被试的测验信息对考官面试评价的影响⑦。孙泽兵对竞争性选拔实施过程中的考试制度缺陷进行了归因分析⑧。

（三）应试研究

考与被考、选与被选、考官与考生之间从来就是一场"魔高一尺，道高一丈"的博弈。古有研究应对科举考试之"科举学"⑨

---

① 赵国祥、申淑丽、高冬东：《180 名处级党政干部领导能力研究》，《心理科学》2003 年第 26 期，第 171、193 页。

② 王登峰、崔红：《中国基层党政领导干部的胜任特征与跨文化比较》，《北京大学学报》（哲学社会科学版）2006 年第 6 期，第 140—148 页。

③ 陆晓光、朱东华：《基于胜任特征的领导干部公选模型研究》，《管理世界》2013 年第 7 期，第 1—5 页。

④ 黄达强：《各国公务员制度比较研究》，中国人民大学出版社 2009 年版。

⑤ 吴安定：《对公选考试内容的反思》，《领导科学》2001 年第 5 期，第 14 页。

⑥ 汪继红：《公开选拔党政领导干部笔试公共科目试卷结构研究》，《湖北招生考试》2003 年第 20 期；《中国公开选拔领导干部考试制度研究》，华中师范大学博士学位论文，2009 年。

⑦ 刘远我：《面试前有关被试的心理测验信息对考官面试评价的影响研究》，《中国考试（研究版）》2008 年第 4 期，第 4—9 页。

⑧ 孙泽兵：《党政领导干部竞争性选拔考试制度创新研究》，华中师范大学博士学位论文，2011 年。

⑨ 厦门大学刘海峰教授认为，古代"科举学"是指专门研究应对科举考试的学问，即应试之学，而非现代意义的以科举制度作为研究对象，探求科举考试的内外部关系及其运行规律的科举学。

和"策学"①，今有研究中考、高考、公务员考试、各种资格考试的专门培训机构和人员，而研究应对竞争性选拔考试与测评的亦不乏其人。李晓跃分析了公选面试语言技巧②。陈光分析了竞争性选拔笔试各种题型的特点与分值，并提出了各种题型的解题思路与方法③。《决策探索》杂志编辑部在分析阅卷者的心理基础上，提出了具体应对公选笔试的作答技巧④。李民昌提出了案例题的"三步解题法"，应对结构化面试的具体技巧，应避开公选辅导书籍对公选案例的误导⑤。王鹏润探讨了竞争性选拔面试中有关问题的应答思路与技巧⑥。胡月星提出了公选考试参与者的应对技巧⑦。戴维新提出应对公选面试中无领导小组讨论的九大技巧⑧。这些专家学者提出的应试技巧和经验，对应试者不无启示与借鉴意义。但从长远看，应以"科举被废"为前车之鉴。

三　竞争性选拔问题研究

竞争性选拔对激活和丰富人事制度具有强大的推动力，然而还不够完善，还存在一些亟待解决的问题。

---

① 所谓"策学"是与古代"科举学"性质和功用相同的学问，即针对科举考试中"对策"、"策问"等内容或题型而展开"应对回答"研究的学问。
② 李晓跃：《公选面试答辩的语言技巧》，《领导科学》2003年第4期，第20页。
③ 陈光：《公选笔试主观性试题解题方法》，《当代广西》2007年第4期，第62—63页。
④ 《决策探索》杂志编辑部：《全国公开选拔领导干部笔试技巧》，《决策探索》（下半月）2009年第1期，第69—70页。
⑤ 李民昌：《单一案例分析试题的"三步解题法"》，《领导科学》2007年第14期，第32—33页；《公选结构化面试的答题技巧》，《领导科学》2008年第12期，第36—37页；《公选备考谨防"伪案例"》，《决策》2009年第4期，第69—70页。
⑥ 王鹏润：《公选面试10种绝对正确的答题思路》，《决策探索》（下半月）2009年第2期，第84—85页。
⑦ 胡月星：《公开选拔考试测评机制变脸：公选考试参与者如何应对》，《决策探索》（下半月）2009年第3期，第53页。
⑧ 戴维新：《无领导小组讨论应试技巧》，《领导科学》2009年第4期，第44—45页。

(一) 质量研究

胡安元认为，如不解决竞争性选拔实践中存在的一些问题，势必影响竞争性选拔质量，影响选人用人公信度和群众满意度①。丁纯认为，当前由于不同岗位干部的适岗能力素质评定不够配套、不同领域干部的工作实绩考核缺乏统一标尺、不同单位干部的群众满意度考量难以客观比较等原因，在一定程度上影响了竞争性选拔质量②。孙明通过问卷调查，比较了竞争性选拔和传统选拔两种方式的质量③。

(二) 问题研究

李中建探讨了国有企业经营者选拔中存在的诸多难题，如信息缺陷严重、选拔标准在实践中扭曲等④。宁本荣基于人力资源管理的视角对竞争性选拔制度及其存在问题进行了分析⑤。王江红对公开选拔的程序、干部考察、考试内容和方式方法等问题进行了分析⑥。陈凤鸣和羊淑蓉分析了公开选拔中存在的法律冲突、考察失真失实及考察事项不公开等问题⑦。杨雪冬认为，竞争性选拔制度改革面临着四类制度性蜕化危险⑧。邓献辉认为，民主推荐党政领导干部问题，有些是民主本身固有的，有些与民主推荐的具体做法

---

① 胡安元：《降低竞争性选拔干部负效应的建议》，《领导科学》2011年（1月下），第38—39页。
② 丁纯：《如何提高竞争性选拔干部工作的质量》，《领导科学》2012年（1月下），第4—6页。
③ 孙明：《竞争性选拔与传统选拔方式的质量比较》，《领导科学》2012年（3月上），第45—46页。
④ 李中建：《国有企业经营者选拔中的难题及解决思路》，《武汉大学学报》（人文科学版）2005年第58卷第1期，第124—128页。
⑤ 宁本荣：《党政领导干部公开选拔制度问题与改进：基于人力资源管理视角的探讨》，《理论探讨》2009年第6期，第155—158页。
⑥ 王江红：《当前干部公开选拔中的问题及其对策》，《理论学刊》2003年第5期，第115—116页。
⑦ 陈凤鸣，羊淑蓉：《公开选拔领导干部中面临的问题及对策》，《中共四川省委党校学报》2007年第3期，第60—61页。
⑧ 杨雪冬：《谨防公选制度性蜕化》，《人民论坛·政论双周刊》2008年第239期，第24—25页。

相关①。郭庆松认为我国领导干部公开选拔实施中存在的主要问题概括起来就是科学化不够和规范化、制度化有待进一步提高②。李木洲列举分析了竞争性选拔制度面临的来自制度内部和外部系统的各五大困境③。

(三) 对策研究

吴瀚飞分析了公选制度推行的制约因素并提出了对策建议④。贾科认为,干部考察失真问题在一定范围内、一定程度上客观存在,其表现形式是多方面的;只有完善考察程序机制,革新考察技术方法,才可能解决失真问题⑤。王金洲认为,依靠任命制的行政型"企业家"已成为中国企业家制度生长过程中的一个致命"硬伤";这种任命制的内在缺陷产生了许多不良后果,要改变这种局面,根本出路在于改革现行任命制度⑥。梁丽芝和韦朝毅认为,伴随竞争性选拔制度的深入发展,实践中出现的职位确定与资格准入条件设置不合理、测评方法不科学、成本过高等诸多困境依然存在;因此,只有不断完善职位定位机制、测评机制、考察评价机制、监督机制及流动机制,才有可能促进制度朝更科学的方向发展⑦。刘福敏分析了民主推荐在实践中存在的问题和影响因素,并

---

① 邓献辉:《干部选拔工作中的民主推荐及其改进》,《中共中央党校学报》2012年第1期,第53—57页。
② 郭庆松:《领导干部公开选拔实施中存在的问题及对策》,《中国行政管理》2010年第7期,第80—83页。
③ 李木洲:《试析公开选拔党政领导干部制度面临的十大困境》,《理论与改革》2011年第2期,第44—47页。
④ 吴瀚飞:《中国公开选拔领导干部制度研究》,中国社会科学出版社2002年版,第226—241页。
⑤ 贾科:《领导干部考察失真研究》,《战略与管理》2004年第3期,第101—112页。
⑥ 王金洲:《国有企业"企业家"选拔方式的思考》,《长江大学学报》(社会科学版)2005年第28卷第1期,第85—89页。
⑦ 梁丽芝、韦朝毅:《我国公开选拔领导干部制度的发展与完善》,《湘潭大学学报》(哲学社会科学版)2010年第34卷第1期,第5—9页。

提出了建议①。萧鸣政在对竞争性选拔制进行基础分析和问题分析的基础上，提出了相关的对策与建议②。孙泽兵从各项制度构建应遵循的原则和具体改进的措施两个维度，提出了竞争性选拔考试制度创新的对策建议③。梁丽芝、莫俊提出应从伦理路径、制度路径和技术路径三个方面改进选人用人导向④。龚建桥、周益川、陈志远、沈小平在分析竞争性选拔制度运行现状、存在问题及其制约因素的基础上，结合竞争性选拔发展趋势，提出了竞争性选拔制度改进创新的对策建议⑤。竞争性选拔是一个复杂系统，应加强竞争性选拔问题及对策研究，从根本上弥补竞争性选拔的设计漏洞。

第三节　风险理论现状

面对现代"风险社会"（risk society）⑥日益增强且复杂性不断加剧的"风险网络体"，学术界关于风险和风险应对的研究，几乎波及自然科学、哲学社会科学和人文学科的各个领域。就与本书主题相关的风险理论研究现状来看，主要包括从社会学、政治学、管理学三个学科视角展开的研究。下面分而简述之⑦。

---

① 刘福敏：《民主推荐在干部选拔中存在的问题及对策》，《现代人才》2011年第5期，第30—34页。

② 萧鸣政：《关于当前我国领导干部公选制问题的探讨》，《北京大学学报》（哲学社会科学版）2011年第48卷第6期，第92—99页。

③ 孙泽兵：《党政领导干部竞争性选拔考试制度创新研究》，华中师范大学博士学位论文，2011年。

④ 梁丽芝、莫俊：《公开选拔领导干部制度价值理念的制度体现及其提升路径》，《湖南科技大学学报》（社会科学版）2014年第17卷第1期，第80—86页。

⑤ 龚建桥、周益川、陈志远、沈小平：《竞争性选拔制度运行现状与改进》，《特区实践与理论》2012年第1期，第52—55页。

⑥ ［德］贝克：《风险社会》，何博闻译，译林出版社2003年版。

⑦ 李瑞昌：《风险——知识与公共决策》，复旦大学博士学位论文，2005年；林琳：《药品质量风险规制研究》，沈阳药科大学博士学位论文，2011年。

一 社会学视角的风险理论

由乌尔里希·贝克（Ulrick Beck）所著的《风险社会》1986年在德国出版，被誉为20世纪晚期欧洲最具影响力的社会分析著作之一，它揭示了控制当今社会发展的致命内因——风险。自反性现代化和风险社会这两个关键词则是《风险社会》的两个核心主题①。贝克在其后续的《全球风险社会》、《风险社会中的政策》等著作中，详细论述了在风险社会中，最主要的问题已经不再是资源分配额，而是如何分配风险。英国学者玛丽道格·拉斯、威尔德韦和斯科特·拉什认为，由于人们认知度的提高，尽管科技带来的负效应风险已有所降低，但仍然有更多的风险被察觉到、被意识到，因此，风险更是一种文化现象②。

风险社会研究在西方国家的争论焦点，一是现代化的阶段与形态；二是现代风险社会是一种建构还是一种现实；三是风险社会与工业社会的关系；四是风险社会还是风险文化。风险社会研究在我国于2004年前后已开始显现③。

二 "风险"的政治学视角

政治学视角的"风险话语"主要包括以下三个层面。

---

① Beck, U., *Risk Society*. London: SAGE publication, 1992, p.1.
② 因此拉什提出，用风险文化代替风险社会更为适合，"我们也许就要向风险社会说再见了，风险社会的时代终将过去，而且风险社会现在可以说正在衰落。在风险社会之后，我们将要迎接的是风险文化的时代"（参见［英］斯科特·拉什《风险社会与风险文化》，《马克思主义与现实》2002年第4期，第49—60页）。因为风险文化只是一种社会观念的变化，而风险社会则是一种社会结构、社会形态的变化。
③ 2004年国家社会科学规划课题中，首次将风险社会理论以及安全机制作为选题列入社会学学科研究视野。周战超：《当代西方风险社会理论引述》，《马克思主义与现实》2003年第3期，第50—56页。赵万里：《结构性风险与知识社会的建构》，《探求》2003年第1期，第28—33页。杨雪东：《全球化、风险社会与复合治理》，《马克思主义与现实》2004年第4期，第59—75页。

（一）"亚政治"视角

在现代社会，随着科学技术的迅猛发展，具有高精尖、高风险特征的高技术政策的出台，往往是由专家决定的。对一般公众而言，既对其一无所知也不具备参与能力；对议会议员而言，议员也难以具备其决策的相关知识，议会沦为表决机器。这种貌似决策于正式政治之内实际形成于正式政治之外的公共风险决策，实际上就是一种亚政治①、专家政治。亚政治既是国家性的也是国际性的，既是国内性的也是全球性的②。

（二）"规制政治"视角

英国疯牛病的暴发，导致欧洲出现了一种新的风险政治③。大卫·沃戈尔（David Vogel）在其《欧洲风险规制新政治》中作了详细考察：疯牛病暴发后，英国媒体以食物政治和农业政治为主题，回应了英国各政治派别对疯牛病暴发的各种反应和基本观点，并提出了对食物立法和农业立法流程再造的新思路。

（三）"生态政治"视角

人类在认识自然、改造自然的同时，也将天然自然"异化"为"人化自然"、"人工自然"，并不断遭受到自然的报复和惩罚。而要消除来自自然的惩罚危机和报复风险，不仅需要转型经济发展模式，更需要重新"审视"政治与生态及其相互关系。生态政治④、政治生态化应当是一种新的生活方式，"地球是我们的家

---

① 所谓亚政治是指政治发生在正式政治制度之外的政治活动和政治行动，具体而言，它包括利益集团的政治活动和专家政治。参见李瑞昌《风险——知识与公共决策》，复旦大学博士学位论文，2005年。

② ［德］乌尔里希·贝克：《世界风险社会》，南京大学出版社2004年版，第50页。

③ Vogel, D., The New Politics of Risk Regulation in Europe. *British Journal of Political science*, 2001, p. 8.

④ 生态政治是要重新唤起一种古典的公民精神，使公民放弃过度消费倾向的消费者权利，而成为一个对生态危机、环境危机等公共事务关注并投注新的热情的公民，从而再造一种新的政治、新的民主。参见李瑞昌《风险——知识与公共决策》，复旦大学博士学位论文，2005年。

园"、"只有一个地球",通过这种理解,以强化政治生态化的新的生活方式①。

三 管理学视角的风险管理框架

20世纪90年代,风险管理②进入到全面风险管理阶段,开始把"风险"视作为一个整体进行研究③。最经典的全面风险管理框架是由美国发起的机构委员会(Committee of Sponsoring Organization,COSO)提出的全面风险管理④框架。

2004年COSO发布的《全面风险管理——整合框架》(Enterprise Risk Management (ERM) – Integrated Framework),用三维矩阵展示了框架的三个维度:目标维包括战略(strategie)、经营(operations)、报告(reporting)、合规(compliance)等4类目标;层级维包括企业各层级;要素维包括内部环境、目标设定、事项识别、风险评估、风险应对、控制活动、信息与沟通、监控等相互关联的8个要素。8要素为4目标服务;各层级围绕4目标开展8要素风险管理活动。全面风险管理框架如图1—1所示。

---

① [美]丹尼尔·A. 科尔曼:《生态政治》,吴英姿、孙淑敏译,上海译文出版社2002年版,第8页。

② 风险管理术语,最早出现在1930年美国管理协会发起的一项保险问题会议上,由宾夕法尼亚大学的所罗门·许布纳博士提出。最早的风险管理论文是拉赛尔·加拉尔(Russell B. Gallagher)的《风险管理——成本控制的新名词》,1956年发表于《哈佛商学评论》。参见宋明哲《现代风险管理》,五南图书出版公司2001年版。

③ 张琴、陈柳钦:《风险管理理论沿袭和最新研究趋势综述》,《金融理论与实践》2008年第10期,第105—109页。

④ COSO全面风险管理框架对全面风险管理定义的描述:全面风险管理是一个过程,它由一个企业的董事会、管理当局和其他人员实施,应用于企业战略制定并贯穿于企业各种经营活动之中,目的是识别可能会影响企业价值的潜在事项,管理风险于企业的风险容量之内,并为企业目标的实现提供保证。

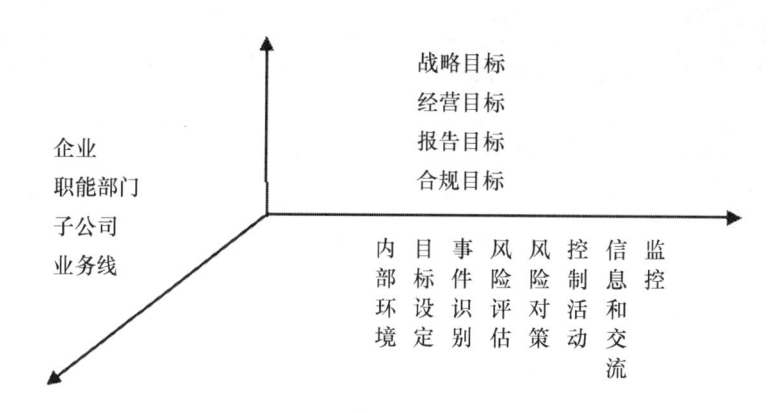

图 1—1 COSO 全面风险管理框架

资料来源：COSO Enteprise Risk Management Framework［EB］. http//www.erm.org.

COSO 的全面风险管理框架是风险管理领域的经典文献，随后出现的国际标准 ISO 31000、欧洲风险管理标准、英国风险管理国家标准、中国中央企业全面风险管理指引等各类风险管理框架，在其制定过程中，都不同程度地受到 COSO 全面风险管理框架的启发。现将国内外主要的风险管理框架整理如表 1—1 所示。

表 1—1　　　　　　国内外主要的风险管理框架

制定者	名称	主要内容
COSO	内部控制—整体框架（1992）	定义/目标/构成要素/有效性评价标准等
	ERM（2004）	ERM 框架通过三维矩阵描述管理层级和管理要素与目标体系之间的关系
国际标准化组织 ISO	国际标准 ISO 31000 风险管理原则与实施指南（2009）	明确环境信息/风险评估（风险识别/风险分析/风险评价）/风险应对/沟通和咨询/监督和检查

续表

制定者	名称	主要内容
欧洲风险管理协会	风险管理标准（2004）	风险评估/风险报告/决策/风险应对/未揭示风险报告/监控
澳大利亚/新西兰 AS/NZS	风险管理过程国家标准（1995）AS/NZS4360	沟通和咨询/建立环境/风险识别/风险分析/风险评价/风险应对/监督与评审
英国标准协会 BSI	英国风险管理国家标准（2008）	风险管理流程框架
中国国务院国有资产监督管理委员会（国资委）	中央企业全面风险管理指引（2006）	目标/内容/流程/工具/方法
中国财政部会同证监会/审计署/银监会/保监会	企业内部控制基本规范（2008）	内部环境/风险评估/控制活动/信息与沟通/内部监督
中国标准化研究院	风险管理原则与实施指南 GB/T 24353—2009	明确环境信息/风险评估/风险应对/沟通和协商/监督和检查

第四节 规制理论现状

根据规制理论的研究现状和本书研究主题的需要，可将规制理论分为公共规制理论和自我规制理论。

一 公共规制理论

公共规制首先是经济学的研究对象，政治学和法学随后也将其纳入研究对象。法学重点研究规制程序及其控制。余晖认为，政府管制是指政府根据法律授权，采用特殊手段对行政相对人的行为实施控制的活动[①]。公共规制是政府管理的一项重要法律制度，但规

---

① 余晖：《论政府管制与行政改革》，《中国工业经济》1997年第5期，第29—32页。

制主要是规定某种行为，而法律主要是禁止某种行为①。政治科学则重点关注规制政策形成和执行的政治及行政作用的方面②。梅尔认为："规制是政治家寻求政治目的有关的政治过程。"③ 从经济学的角度对规制定义，由于侧重点不同，对规制的理解也各有千秋④。谢地认为，规制是国家干预经济政策的重要组成部分⑤。植草益给出了更广泛的规制定义："规制是指依据一定的规则对个人和经济主体的活动进行限制的行为。"他把规制分为私人规制和公共规制（"公的规制"）。然后又把公共规制分为间接规制和直接规制，后者又分为经济性规制和社会性规制。但实际中很难对经济性规制和社会性规制加以分类⑥。经济性规制和社会性规制之间由于分类的不同角度而存在着交叉重复重叠的现象⑦，在交叉重叠公共区，两种规制无法区分⑧。

由于公共规制"背后都涉及复杂的政治博弈过程"⑨，因此，公共规制是一个跨学科的研究领域⑩。其中，公共规制经济学研究公共规制的原因与内容、需求与供给、成本与收益以及公共规制的

---

① 张雨莹：《政府规制的理论解读》，《理论界》2007年第4期，第158—159页。
② 陈富良：《放松规制与强化规制》，上海三联书店2001年版。
③ ［美］丹尼尔·F. 史普博：《管制与市场》，余晖等译，上海人民出版社1999年版。
④ 同上。
⑤ 谢地：《政府规制经济学》，高等教育出版社2003年版。
⑥ ［日］植草益：《微观规制经济学》，朱绍文、胡欣欣等译，中国发展出版社1992年版。
⑦ 钟庭军、刘长全：《论规制、经济性规制和社会性规制的逻辑关系与范围》，《经济评论》2006年第2期，第146—151页。
⑧ 张培刚指出：经济学作为一种人文社会科学，不如"自然科学"那样精确，因此在概念中和分类时存在"含糊范围"和"未决地带"，而且在未决地带之间存在有空隙或重叠的现实情况，这种情况使我们不能达到基于"连续性"和"流畅型"的那种理论上的完善境界。（参见张培刚：《农业与工业化》，哈佛大学出版社1949年英文版初版，1969年再版；华中工学院出版社1984年中文版初版，1988年再版）
⑨ ［美］J. 格里高利·西达克、丹尼尔·史普博：《美国公用事业的竞争转型：管制与管制契约》，宋华琳等译，上海人民出版社2012年版。
⑩ ［美］丹尼尔·F. 史普博：《管制与市场》，余晖等译，上海人民出版社1999年版，第27页。

目标函数与腐败机理等，奠定了政治学和法学等学科研究公共规制的知识基础。公共规制政治学研究规制的政治过程和内在动因以及规制面临的困难与规制失灵的根源。公共规制法学研究规制程序、立法博弈、规制者规制等方面。公共规制经济学、公共规制政治学、公共规制法学既各有研究侧重，又有研究交集，它们共同初步建构了公共规制的知识体系[①]。

（一）公共规制经济学

20世纪70年代之前，公共规制经济学的研究侧重关注公共产品的定价问题。在其之后，公共规制的经济学研究重心开始转向生态环境、食品安全、健康保护。20世纪80年代以来，随着博弈论、委托代理等理论的引入，新规制经济学应运而生，并与福利经济学和公共经济学切入公共规制研究中。

1. 市场失灵理论

市场失灵产生于公共物品、外部性、垄断和破坏性竞争，并导致过度的污染、失业、贫富两极分化等经济社会病症。因此，市场失灵提供了公共规制的依据，政府不能仅仅作为"守夜人"[②]。Keynes的《就业、利息与货币通论》推翻了"看不见的手"的原理[③]。凯恩斯理论对于公共规制制度，既是一种诠释，又为其发展奠定了理论基础。市场失灵理论既可以解释和支持反垄断公共规制，也可以解释公共经济性规制和社会性规制。市场失灵理论是公共规制制度的重要理论，自然垄断、外部性、信息不对称等理论所揭示的问题均可视为市场失灵的表现[④]。

---

① 黄新华：《政府规制研究：从经济学到政治学和法学》，《福建行政学院学报》2013年第5期，第1—8页。

② Smith, A., *An Inquiry Into The Nature And Causes Of The Wealth Of Nations*, Reprint, edited by Cannan, Chicago: University of Chicago Press, 1776.

③ Keynes, J. M., *The General Theory of Employment, Interest, and Money*, Cambridge: Cambridge University Press, 1936.

④ 茅铭晨：《政府管制理论研究综述》，《管理世界》2007年第2期，第137—150页。

2. 社会性规制理论

随着生活水平的提高和对环境、安全的社会需求增大，社会性规制理论得到不断的发展。社会性规制确保公众生命安全，防止灾害和公害，保护环境①。社会性规制理论的施行，主要通过设立相应标准、发放许可证、收取各种费用等方式进行②。

3. 激励性规制理论

激励性规制是一种经济性规制方式。激励规制理论是继规制公共利益理论和规制俘获理论之后的规制理论第三发展阶段。规制公共利益理论和俘获理论的根本缺陷是假设规制双方具有完全信息。但在现实社会中，被规制者所掌握的信息要远远大于规制者。激励性规制理论，以规制和被规制之间的信息不对称和目标不一致为前提，研究规制机制设计最优和社会福利最大化。让·雅克·拉丰称激励规制理论为新规制经济学，其最大特点就是引入不对称信息博弈以描述最优规制机制的特征③。

（二）公共规制政治学

政治学、行政学自 James Q. Wilson 1974 年发表"规制政治学④"论文以来，而进入到公共规制研究之中。政治学认为公共规制的本质是政策再分配。公共规制政治学研究解释规制制定过程和规制执行的动因并揭示规制评价的困难与规制失灵的原因。⑤

---

① ［日］植草益：《微观规制经济学》，朱绍文、胡欣欣等译，中国发展出版社 1992 年版，第 145—165 页。

② ［日］植草益：《微观规制经济学》，朱绍文、胡欣欣等译，中国发展出版社 1992 年版，第 281—289 页。林琳：《药品质量风险规制研究》，沈阳药科大学博士学位论文，2011 年。林琳、李野、杨悦：《基于法经济学的药品质量风险规制研究》，《中国新药杂志》2012 年第 21 卷第 5 期，第 478—480 页。

③ ［法］让·雅克·拉丰、让·梯若尔：《政府采购与规制中的激励理论》，石磊、王永钦译，上海人民出版社 2004 年版。

④ Wilson, J. Q., The Politics of Regulation, New York: Basic Books, Inc. 1980.

⑤ 黄新华：《政府规制研究：从经济学到政治学和法学》，《福建行政学院学报》2013 年第 5 期，第 1—8 页。

1. 公共利益与部门利益

公共规制政治学因公共规制目标的差异而形成了"各为其主"的公共利益理论和部门利益理论。公共利益理论的立论基础是市场失灵和福利经济学。公共利益理论把"公共利益"作为规则制定的出发点，以克服市场失灵，提高资源配置效率，实现公平正义和福利最大化。对于政府三大规制，"公共利益"都是最好的理由。部门利益理论的产生源于公共规制的经验观察。部门利益理论认为，政府拥有行政权力这一基本资源，由于规制机构也是理性经济人，因而利益集团的游说会使规制者运用政府权力为自己服务。因此公共规制主要是根据利益集团的需要设计和运作①。即便如此，部门利益理论仍显极端，也无法解释政府规制至少在环境规制等社会性规制领域，确实是为了公共利益这一事实。有学者提出了利益博弈理论，以克服公共利益理论和部门利益理论的缺陷。利益博弈理论认为公共规制乃利益博弈的结果。利益博弈理论为公共规制的决策和执法提供了一种新的思路。

2. 规制机构与规制环境

部门利益理论否定了规制者的良好动机，但如果把规制机构和规制环境纳入研究框架，或许更能全面准确理解规制者的行为动机。规制机构一般由具有不同动机的三类雇员组成：职业人员、政治家和专业人士。"理解管制机构成员的工作动机很重要，这样就可以理解政策是如何被执行的。"② 影响规制的环境因素主要有三类：一是技术和经济因素；二是政治和理念因素；三是制度因素，如通过法规修改或创立，改变寻租成本和收益，以减少和抑制寻租行为③。

---

① Stigler, G. J., The Theory of Economic Regulation. *Bell Journal of Economics and Management Science*, 2, 1971, pp. 3 – 21; The Theory of Economics Regulation. *Journal of Economies and Management Science*, 3, 1971, pp. 3 – 18.

② [美] W. 吉帕·维斯库斯：《反垄断与管制经济学》，陈甬军等译，机械工业出版社2004年版，第180页。

③ 黄新华：《政府规制研究：从经济学到政治学和法学》，《福建行政学院学报》2013年第5期，第1—8页。

3. 委托代理与规制失灵

规制制定是一个政治过程,"是企图影响政策制定者(代理者)行为的参与者(委托者)之间的一种博弈"①。规制失灵理论是公共选择理论的衍生品。布坎南于1986年提出了政府—政治失灵理论②(与市场失灵理论对等),认为政府的缺陷至少和市场一样严重。由部门利益理论派生的规制俘虏理论就认为规制俘虏必然导致政策失效、规制失灵。规制失灵的原因:一是理论和现实存在差距,由此存在违背社会公共利益的内在根源。二是公共权力的强制性,会导致寻租行为的产生。三是规制机构的垄断性,垄断形成的信息不对称致使委托代理中对规制机构有效监督的缺乏。四是规制机构的扩张性,推动了规制供给的膨胀,导致公共规制过度③。

(三) 公共规制法学

法学尤其是行政法学研究规制立法博弈、规制程序、规制者规制等,形成了公共规制法学学派。公共规制法学的基本观点是:规制是一项法律制度安排;规制机构具有准司法权;规制实施以法规为基础;规制政策是利益集团立法博弈的结果;规制过程与权利救济取决于法律规范;必须建立行政法典规制者。④

1. 规制规制者

公共规制是为了矫正市场失灵,具有规制目的的正当性,但在政策手段的选择和执行领域,容易出现腐败现象⑤。也就是说,由

---

① [美]阿维纳什·迪克西特:《经济政策的制定:交易成本政治学的视角》,刘元春译,中国人民大学出版社2004年版,第16页。
② [美]布坎南:《自由、市场和国家》(Buchanand, J. M., 1986, *Liberty, Market and the State*),吴良健等译,北京经济学院出版社1988年版。
③ 黄新华:《政府规制研究:从经济学到政治学和法学》,《福建行政学院学报》2013年第5期,第1—8页。
④ 同上。
⑤ 崔炳善、司空泳浒:《政府规制与腐败》,《国家行政学院学报》2002年第5期,第77—83页。

于存在规制俘虏,腐败风险可能贯穿于规制全过程。因此,必须在制度安排层面规制规制者,制约规制者的行为和权力,惩治和预防规制腐败。又由于规制者和被规制者因"经济人"特性而结成同盟必然具有某种"天然性"①,为了有效规制规制者,为规制行使提供统一准则,关键在于行政程序法典化②。

2. 法经济学威慑理论

传统法学重公平轻效率,而传统经济学则重效率轻公平。法经济学试图将二者进行互补交融,以实现既能和谐人际关系,又能最优配置资源,达到社会福利最大化。法经济学的理论基础之一是科斯定理(Coase Theorem)③。波斯纳以科斯定理为基础,将效率定位于法经济学分析的根本原则和核心工具④。不仅如此,波斯纳还认为,兼顾效率与公平是法经济学的核心目标⑤。法经济学认为,制定某项可行的法律规制制度时,由于信息不对称,仅需且必须满足资源配置效率达到卡尔多—希克斯效率⑥即可⑦⑧。

---

① 张国庆、王华:《动态平衡:新时期中国政府管制的双重选择》,《湖南社会科学》2004年第1期,第47—50页。
② 潘伟杰:《制度、制度变迁与政府规制研究》,上海三联书店2005年版。
③ 科斯(Ronald H. Coase)在1960年《社会成本问题》一文中表达了科斯定理的基本含义,乔治·史提格勒(George Stigler)1966年首次使用"科斯定理"(Coase Theorem)这个术语。科斯定理较为通俗的解释是:在交易费用为零和对产权充分界定并加以实施的条件下,外部性因素不会引起资源的不当配置。因为在此场合,当事人(外部性因素的生产者和消费者)将受一种市场里的驱使去就互惠互利的交易进行谈判,也就是说,是外部性因素内部化。
④ 赵亚杰:《论法经济学分析范式的传承与分野》,《行政与法》2010年第12期,第113—121页。
⑤ 曲振涛:《论法经济学的发展、逻辑基础及其基本理论》,《经济研究》2005年第9期,第113—121页。
⑥ 卡尔多—希克斯效率是指第三者的总成本不超过交易的总收益,或者说从结果中获得的收益完全可以对所受到的损失进行补偿,这种非自愿的财富转移的具体结果就是卡尔多—希克斯效率。认为只要调整能够使社会效益增加,那么它就是有益的。也就是可以为了社会总收益增加,减少部分人的福利。
⑦ 林琳:《药品质量风险规制研究》,沈阳药科大学博士学位论文,2011年。
⑧ 林琳、李野、杨悦:《基于法经济学的药品质量风险规制研究》,《中国新药杂志》2012年第21卷第5期,第478—480页。

二 自我规制理论

与公共规制相对的就是被规制者的自我规制。Haufler（2001）认为，自我规制与强制性的公共规制不同，是由被规制者自我设计并施行的制度安排①。自我规制的产生一是源于某领域缺乏公共规制或标准而建立新的标准；二是需要提出并施行比现行公共规制更严厉的规制。Minogue 认为，自我规制不是公共规制的替代品，而是规制的一种技术形式②。自我规制作为一项制度安排，是组织对其成员的行为标准予以规范③。Baggot④、Porter and Ronit⑤认为自我规制是一种涉及正式和非正式规则或标准与规制过程的制度安排。自我规制是在不存在诸如法律之类的强制要求时，行政机关为约束自身裁量权所采取的行动⑥。自我规制是其进行成本—收益分析之后的理性选择，并非单纯的善良冲动⑦。

按照划分标准的不同，可以对自我规制规范进行不同的分类。Harlow 和 Rawlings 认为应依据影响自我规制的可变因素对其分类⑧。Black 把自我规制划分为授权型、批准型、压制型和自愿

---

① Haufler, V., *A public role for the private sector: Industry self-regulation in a global economy*, Washington D. C., Carnegie Endowment, 2001.

② Minogue, M., Governance-based analysis of regulation, *Annals of Public and Cooperative Economics*, 73: 4, 2002, pp. 649–666.

③ ［英］卡罗尔·哈洛、理查德·罗林斯：《法律与行政》，杨伟东等译，商务印书馆 2004 年版。

④ Baggot, R., Regulatory Reform in Britain: The Changing Face of Self-regulation, *Public Administration*, 67, 1989, pp. 435–454.

⑤ Porter, T., Ronit, K., Self-regulation as Policy Process: The Multiple and Crisis-crossing Stages of Orivate Rule-making, *Policy Sciences*, 39, 2006, pp. 41–72.

⑥ ［美］伊丽莎白·麦吉尔：《行政机关的自我规制》，安永康译，《行政法论丛》第 13 卷，法律出版社 2011 年版。

⑦ 徐维：《论行政机关自我规制》，中南大学博士学位论文，2012 年。

⑧ Harlow, C., Rawlings, R., *Law and Administration*, 2nd Ed. London: Butterworths, 1997.

型四种类型①。德国学者毛雷尔将行政规则分为组织规则、业务规则、解释性规则、裁量性规则和替代性规则②。根据自我规制规范内容，可以将其分为程序性和实体性两类自我规制规范，后者又可分为工作指令和操作准则。根据自我规制规范效力，可以将其划分为完全对内、间接对外以及直接对外发生效力三种规范③。

自我规制介于公共规制和市场规制二者之间，所以在克服二者之不足及其失灵方面具有其独特的优势④。因此，自我规制不仅在解决市场失灵问题的实践中得到了广泛的应用，而且在现实中对人们的社会经济生活乃至政治生活也起着重要的作用。

（一）自我规制的动力

1. 自我规制激励模型

由于自我规制既能得到回报，又须承担风险和成本，因此自我规制的实施动力是一个重要的研究课题。Heyes 建立的一个强制性条件下的自我规制信号激励模型认为，由于（1）某一行为在未来有可能受到规制；（2）违反规制的成本很高，那么，被规制者就会尽早采取符合规制或社会要求的行为，并传递信号，以获得宽松的未来规制环境⑤。因此，自我规制往往是为了规避未来的严厉规制，而并非自愿。

2. 自我规制声誉模型

Núez 所建立的一个基于声誉的理论模型⑥表明，一般来说，自

---

① Black, J., Constitutionalising Self‐regulation, *The Modern Law Review*, 59: 1, 1996, pp. 24–55.
② ［德］哈特穆特·毛雷尔：《行政法学总论》，高家伟译，法律出版社 2000 年版。
③ 徐维：《论行政机关自我规制》，中南大学博士学位论文，2012 年。
④ 杨志强、何立胜：《自我规制理论研究评介》，《外国经济与管理》2007 年第 29 卷第 8 期，第 22—23 页。
⑤ 转引自杨志强、何立胜《自我规制理论研究评介》，《外国经济与管理》2007 年第 29 卷第 8 期，第 22—23 页。
⑥ Núez, J., A model of self‐regulation, *Economics Letters*, 74, 2001, pp. 91–97.

我规制组织从不愿意主动控制质量或向消费者公开自己的欺骗行为。但如果同时施行与其平行的公共规制，就既能减少代理人的欺骗行为，也更能增强代理人主动控制质量的动机。这个结论说明，"混合"的规制安排将是更优的选择。

（二）自我规制的制度机制

目前，行政三分制已成为行政系统自我约束的重要机制。行政三分制的提法源自学界对我国治理实践的概括，指的是在一级政府管理系统内部，将决策、执行和监督职能适度分离并在运行过程中使之相辅相成、相互制约、相互协调的一种行政管理体制[1]。行政三分制发轫于深圳，2003年初步提出，2009年正式施行，其间被热议—沉寂—发酵6年。新一轮的《深圳市综合配套改革方案》中关于行政管理体制改革的重点，强调首先要建立健全决策、执行、监督既相互制约又相互协调的权力结构和运行机制。实现决策相对集中，执行专业高效，监督有力到位[2]。行政三分制的内部分权机制，对于实现自我监督、自我约束、自我控制具有重要作用[3]。

三 自我规制与公共规制

自我规制理论与实践的发展，加深了人们对自我规制的作用机理及效能等问题的认识。杨志强、何立胜认为[4]，自我规制为与公共规制的有效融合提供了可行的制度安排，可推动转型时期公共经济性规制变革与社会性规制的发展；实施自我规制，可减少政府权

---

[1] 郑代良、马敬仁：《浅析"行政三分制"与"行政三联制"的区别》，《行政与法》2003年第9期，第3—6页。

[2] 《深圳市综合配套改革方案》（http://www.sz.gov.cn/cn/xxgk/xwfyr/wqhg/fbh_46/fbg/200905/t20090526_1111017.htm）。

[3] 徐维：《论行政机关自我规制》，中南大学博士学位论文，2012年；《行政机关自我规制力探究》，《行政法学研究》2012年第8期。

[4] 杨志强、何立胜：《自我规制理论研究评介》，《外国经济与管理》2007年第29卷第8期，第22—23页。

力寻租的机会,降低利益集团俘获规制者的可能性。自我规制和公共规制都属于治理市场失灵的制度安排。怎样设计有效、均衡的规制体系就成为增进社会效率的关键。现将自我规制与公共规制的比较分析整理如下。

表 1—2　　　　　　　自我规制与公共规制比较分析

	自我规制	公共规制
特性	自组织性/内生性;自由或者自治度较高	强制性/外在性
基础条件	良好的市场体系/规范的政府规制;辅之以良好的非正式制度如社会责任观	完善的市场机制
成本	摩擦成本/信息成本/修正标准的成本/规制控制和实施成本较低;规制管理成本内部化	摩擦成本信息/监督/执行成本较高;规制管理成本最终由纳税人负担
作用	作用方式间接,作用力度较缓和,一旦成为产业的行为模式,将会产生长期的影响	作用方式直接,时滞较短,作用力较强,立竿见影
演化机制	路径依赖性较强、速度较慢;目的性较强;演进客观、合理性,且平稳性较强	路径依赖性较低,速度较快;演进轨迹的主观性较强,具有不平稳性
替代论	自我规制是公共规制的替代物[①]。当供需双方对产品质量拥有对称的信息时,公共规制更有利于改善社会福利,但如果只有供方能够获得为评价质量所需的信息,那么自我规制就优于公共规制[②]	
互补论	公共规制与自我规制是相互促进的关系;可实施"胡萝卜+大棒"策略激励企业实施自我规制[③]。自我规制与公共规制是一种互动、相容、互补的关系,前者有利于后者的功能延伸与发挥,有利于弥补后者的不足,而后者则可为前者提供动力与制度保障[④]	

---

① Eijlander, P., Possibilities and Constraints in the Use of Self-regulation and Co-regulation in Legislative Policy: Experiences in the Netherlands-lessons to be Learned for the EU? *Electronic Journal of Comparative Law*, 9: 1, 2005, pp. 102-114.

② 杨志强、何立胜:《自我规制理论研究评介》,《外国经济与管理》2007 年第 29 卷第 8 期,第 22—23 页。

③ Ruhnka, J. C., Boerstler, H., Governmental Incentives for Corporate Self-regulation, *Journal of Business Ethics*, 17, 1998, pp. 309-326.

④ Senden, L., Soft law, Self-regulation and Co-regulation in European law: Where do they Meet? *Electronic Journal of Comparative Law*, 9: 1, 2005, pp. 20-28.

续表

	自我规制	公共规制
融合机制	采取一种把公共规制与自我规制结合在一起的混合机制,是提高规制效能的有效途径。Grajzl and Murrell 认为自我规制是实施公共规制的一种制度安排;集中或分散规制权力,是一个规制管理问题[①]。Ayers Braithwaite[②] 则主张实施"回应型规制"[③],完全依赖公共规制有可能加重由政府干预导致的市场失灵;而完全依赖自我规制,也不是最优选择。理想的方案应该是引入自我规制,构建多元化的规制体系,实现多种规制方式的融合,发挥不同规制形式的优势,规避其缺点,最终解决市场失灵问题	

第五节　本章小结：借鉴与启示

第一，通过对竞争性选拔、制度、风险、规制等概念的阐释，以及对制度、风险与规制关系研究的述评，明确了本书研究主题所涉及的基本概念及其相互之间的关系，奠定了本书在风险视域下研究竞争性选拔规制的逻辑基础。

第二，竞争性选拔研究现状显示：暂未发现从风险视域研究竞争性选拔问题，也未发现以规制理论研究竞争性选拔问题，或将风险与规制结合起来研究竞争性选拔问题。这种研究现状对本书同时具有两方面的重要意义和作用：一是表明本书的选题，对于竞争性选拔研究的多重视角而言，具有一定的相对性创意，可以丰富竞争性选拔研究；二是文献综述中的竞争性选拔制度研究（包括变迁研究、本体研究和比较研究）、技术研究（包括考评技术和胜任力研究、考试研究和应试研究）及其问题研究（包括质量研究、问题

---

① Grajzl, P., Murrell, P., Allocating Law Making Powers: Self – regulation vs Government Regulation, *Journal of Comparative Economics*, 1, 2007, pp.12 – 19.

② Braithwaite, A., *Responsive Regulation: Transcending the Deregulation Debate*, Oxford: OUP, 1992.

③ "回应型规制"，即在特定情形下，依据法律、社会和历史环境采用不同的规制策略。

研究和对策研究）成果，对本书的竞争性选拔规制变迁分析、规制风险分析、规制体系的构建和规制改革建议，不仅提供了一定的研究资料，且均具有启发性、借鉴性和案例作用。

第三，政治学视野中的"风险"和社会学视角的风险理论，为本书在风险视域下的分析和研究以及规制改革建议开阔了"风险"视野；管理学视角的风险管理框架，尤其是COSO的全面风险管理——整合框架，为本书构建全面风险管理框架下的竞争性选拔规制三维结构体系，提供了基础与支撑。

第四，规制理论包括公共规制理论和自我规制理论是本书研究的重要理论基础之一。公共规制经济学中的市场失灵、社会性规制、激励性规制等理论与方法，公共规制政治学中的公共利益与部门利益、规制机构与规制环境、委托代理与规制失灵等理论与方法，公共规制法学中的规制规制者、法经济学威慑等理论与方法，以及自我规制的动力、模型和制度机制即目前的行政三分制等理论与方法及其实践，均在本书的竞争性选拔风险及其规制风险分析、竞争性选拔规制三维结构体系的构建和竞争选拔规制改革建议中，从得以启示到得以运用。自我规制与公共规制的有效均衡融合观点，以及自我规制与公共规制的比较分析，为本书的竞争性选拔规制方式集成，给予了有益的启示。

第二章 竞争性选拔规制变迁分析

从管理学角度看,规制是一个系统的管理过程。规制过程涉及规制问题的确认、规制立法、规制执行、规制评估与监控、规制终结等环节。本章旨在归纳30多年来我国竞争性选拔规制变迁的阶段性划分及其特征,分析竞争性选拔规制变迁的总体性特征即从诱致型变迁到供给主导型制度变迁过程,总结竞争性选拔规制成效。为后续竞争性选拔规制风险分析、规制三维结构体系的建构和规制改革建议夯实铺垫。

第一节 竞争性选拔规制变迁简历

新中国成立以来的干部选拔任用制度经历了一个建立、运行、破坏、恢复、创新的演变过程。1949—1956年为建立时期,形成了以委任制为主体的干部选拔任用制度的总体格局;1957—1966年为基本正常运行时期;1966—1976年为遭受严重破坏与混乱时期;1976年至今为恢复重建与制度创新时期。其中1979年前为制度恢复阶段;1980年后进入制度创新阶段[①]。在创新阶段,传统委

[①] 吴瀚飞:《中国公开选拔领导干部制度研究》,中国社会科学出版社2002年版,第35—45页。

任制即直接委任制、考察委任制在向以民主推荐为特征的荐举委任制拓展的同时，进一步向以考试测评为特征的考选委任制（竞争性选拔制）拓展。竞争性选拔制度孕育产生于20世纪80年代初期，正式推行于90年代末期至21世纪初期；经过30多年的探索发展，目前已初步形成竞争性选拔规制体系。其变迁历程如表2—1所示。

表2—1　　　　　　竞争性选拔规制变迁历程

时间	事项/文件	规制精神/内容（机构/标准）
1980	重庆市公用局面向全市公开招聘所属企业经理干部	中组部《组工通讯》专文报道
1981	深圳在全国12个城市公开招聘干部	中组部连夜专门召开特别会议同意此做法
1985	宁波市委组织部面向全市公开选拔5个市管领导职位的干部	首次明确提出公开选拔这一概念
1988	吉林省从1988年到1992年，先后4次竞争性选拔副厅级干部38名	把这一做法定名为"一推双考"，即公开推荐与考试考核相结合
1992.6	关于采取"一推双考"的方式公开选拔副厅级领导干部情况的报告（中共中央组织部转发中共吉林省委组织部的报告）	肯定了公开选拔领导干部这一做法
1995.2	党政领导干部选拔任用工作暂行条例（中共中央）	必须坚持公开、平等、竞争、择优原则。推荐领导成员人选，还可以采取个人自荐和考试、考核相结合的办法
1996.1	吉林省公开推荐与考试考核相结合选拔领导干部的暂行办法（组通字〔1996〕5号）（中组部转发）	要求各级各部门总结干部制度改革经验，不断改进干部选拔方法
1998.7	关于党政机关推行竞争上岗的意见（中组部、国家人事部）	要求把考试作为重要环节

续表

时间	事项/文件	规制精神/内容（机构/标准）
1998.8	关于建立全国统一、规范的公开选拔领导干部考试题库问题的报告（中组部）。胡锦涛作重要批示	赞成建立全国统一的通用题库，这样可以减少各地公开选拔领导干部的工作量，保证考试质量，降低考试成本。
1999.3	关于进一步做好公开选拔领导干部工作的通知（中共中央组织部）	规定考试作为公开选拔的关键环节，对考试的内容和形式、考务组织和管理等都提出了明确要求
1999.12	关于在地方政府机构改革中做好人员定岗分流工作的通知（中组部、国家人事部）	要求各地在党政机关推行竞争上岗
2000.1	全国公开选拔党政领导干部考试大纲（试行）（中组部）	明确了公共科目笔试和面试的标准和内容
2000.6	2001—2010年深化干部人事制度改革纲要（中共中央办公厅）	明确提出："要推行公开选拔党政领导干部制度。逐步提高公开选拔的领导干部在新提拔的同级干部中的比例。要加快全国统一题库建设。"
2001.5	中组部领导干部考试与测评中心正式成立	部分省区市也先后相继成立考评中心
2002.7	党政领导干部选拔任用工作条例（中共中央）	增加"公开选拔与竞争上岗"章节，规定：公开选拔和竞争上岗是党政领导干部选拔任用的方式之一
2004.3	公开选拔党政领导干部暂行规定、党政机关竞争上岗工作暂行规定（中共中央办公厅）	竞争性选拔的首个党内法规性文件
2004.5	党政领导干部公开选拔和竞争上岗考试大纲（中共中央组织部）	规范了考试的内容和程序，这标志着领导干部考试测评工作走向逐步规范发展的阶段
2004.12	关于加快推进中央企业公开招聘经营管理者和内部竞争上岗工作的通知（国资委党委干一〔2004〕123号）①	坚持党管干部原则与市场化选聘企业经营管理者相结合，加快推进中央企业公开招聘经营管理者和内部竞争上岗工作
2005.4	公务员法（2006.1.1实施）	第一次从法律上确认公开选拔是职务晋升的方式之一

---

① 同时印发两个附件：《中央企业公开招聘经营管理者工作指南》和《中央企业内部竞争上岗工作指南》。

续表

时间	事项/文件	规制精神/内容（机构/标准）
2007.12	关于进一步加强全国领导干部选拔考试通用题库建设的意见（中组部）	要求按照"统一标准、联合建设、分级负责、资源共享"的原则，在全国建立统一规范的通用题库
2009.9	党政领导干部公开选拔和竞争上岗考试大纲（中组部）	进一步规范考试测评工作，为考试测评工作的规范有序开展奠定了基础
2009.12	2010—2020年深化干部人事制度改革规划纲要（中央办公厅）	新提拔厅局级以下委任制党政领导干部中，通过竞争性选拔方式产生的，到2015年不少于1/3
2010.4	党政领导干部公开选拔和竞争上岗考试测评工作指导手册（中组部编制、出版发行）	主要内容是解析政策、总结经验、提供范例、明确应注意把握的环节和问题等，以指导竞争性选拔工作人员制定科学合理的工作方案并公正严密地组织实施
2012.11	中共十八大报告——坚定不移沿着中国特色社会主义道路前进 为全面建成小康社会而奋斗	全面准确贯彻民主、公开、竞争、择优方针。完善竞争性选拔干部方式，提高选人用人公信度
2013.11	中共十八届三中全会——中共中央关于全面深化改革若干重大问题的决定	坚持党管干部原则，深化干部人事制度改革，构建有效管用、简便易行的选人用人机制。改进竞争性选拔干部办法
2014.1	党政领导干部选拔任用工作条例（中共中央）	应当从实际出发，合理确定选拔职位、数量和范围[①]

竞争性选拔规制历程表明：

中共中央三次制定修订颁布同一部党规——《党政领导干部选拔任用工作条例》；

国家制定颁布的国法一部——《公务员法》；

中共中央办公厅三次印发有关竞争性选拔的规制文件，其中印发《公开选拔党政领导干部暂行规定》和《党政机关竞争上岗工作暂行规定》一次，两次印发《深化干部人事制度改革规划纲要》

---

① 一般情况下，领导职位出现空缺且本地区本部门没有合适人选的，特别是需要补充紧缺专业人才的，可以进行公开选拔；领导职位出现空缺，本单位本系统符合资格条件人数较多且人选意见不易集中的，可以进行竞争上岗。公开选拔县处级以下领导干部，一般不跨省（自治区、直辖市）进行。

（2001—2010 年和 2010—2020 年）；

中共中央组织部七次印发有关竞争性选拔的规制文件，其中三次制定修订印发《党政领导干部公开选拔和竞争上岗考试大纲》，一次印发《关于进一步加强全国领导干部选拔考试通用题库建设的意见》；

中共中央组织部、国家人事部两次印发有关党政机关竞争上岗的规制文件；

中共国有资产监督管理委员会党委印发《关于加快推进中央企业公开招聘经营管理者和内部竞争上岗工作的通知》一次，同时印发两个附件：《中央企业公开招聘经营管理者工作指南》和《中央企业内部竞争上岗工作指南》。

各地方各部门也都相应制定有关竞争性选拔的规制办法。竞争性选拔法规体系基本建成。

第二节 竞争性选拔规制变迁阶段划分及其特征

竞争性选拔是一个创新系统，制度创新和技术创新是其不可或缺的两个组成部分。竞争性选拔制度和竞争性选拔技术构成一个相互联系、相互推进的有机整体，唯有二者整合在一起，相互补充和相互作用，才使竞争性选拔行为得以实现。正是由于技术创新和制度创新此起彼伏的矛盾运动、螺旋式上升过程，才构成了竞争性选拔创新系统的不断发展。据此，本书将竞争性选拔制度发展归纳划分为 1980—1992 年的破冰试验期、1992—2002 年的制度—技术创新期（制度创新Ⅰ期和技术创新Ⅰ期）、2002—2012 年的技术—制度创新期（制度创新Ⅱ期和技术创新Ⅱ期），现正进入系统创新期（2012 年至今）。与此相适应，本书将竞争性选拔规制变迁归纳划分为规制开启与确认阶段、规制规范与实施阶段、规制立法与执行阶段，现正进入规制评估与创新阶段。

一　规制开启与确认阶段（1980—1992）

此阶段为竞争性选拔规制的前期阶段。其主要特征表现为规制机构收集信息、被规制机构提供信息、二者之间互相沟通信息达成一致性，最后由规制机构裁决确认竞争性选拔领导人选方式，开始启动竞争性选拔规制。

（一）邓小平有关论述指导竞争性选拔实践

竞争性选拔领导人选方式发轫于改革开放。1980 年 12 月，邓小平在中央工作会议上的讲话中，明确提出了干部队伍"革命化、年轻化、知识化、专业化"的方针。1980 年 8 月，邓小平在《党和国家领导制度改革》中指出："随着建设事业的发展，还要制定各个行业提升干部和使用人才的新要求、新方法。将来很多职务、职称，只要考试合格，就应当录用或者授予。"① 这里邓小平讲了两层含义。一是要求采用新的方式和方法选拔任用干部；二是考试是干部选拔任用制度的一种重要的新的方式方法。邓小平还指出："招聘也是个办法。"② 邓小平在 1980 年《党和国家领导制度改革》这篇著名讲话中，曾经三次讲到要用考试的方式选拔干部。邓小平的这种考试任用干部的思想很快对基层实践产生了影响。

1982 年，原劳动人事部根据中央提出的干部队伍"四化"要求，制定了《吸收录用干部问题的若干规定》。这是中国自 1949 年以来第一个关于干部录用工作的综合性文件。该文件首次使用了"考试录用"概念，其中明确要求："国家机关、事业、企业单位吸收录用干部，由当地人事部门统筹安排，实行公开招收，自愿报

---

① 《邓小平文选》第 2 卷，人民出版社 1994 年版，第 324 页。
② 《邓小平文选》第 3 卷，人民出版社 1993 年版，第 18 页。

名，进行德、智、体全面考核，坚持考试，择优录用。"① 该规定的颁行，为运用考试的形式、面向社会竞争性选拔领导干部，创造了良好的制度环境，同时也提供了技术条件。

1983年，深圳市蛇口工业区通过竞争，选拔出1名36岁的党委书记。邓小平视察蛇口时称赞说，"未来还得靠年轻人"②。此后，全国各地开始探索公开招考领导干部。

(二) 规制机构与被规制机构沟通互动

这一阶段，竞争性选拔领导干部的制度创新引起了广泛关注。规制机构为提供规制信息和规制政策而收集相关信息、被规制机构为影响规制机构的规制过程而提供相关信息、二者之间互相沟通信息达成一致。如中组部《组工通讯》对"重庆市公用局公开招聘干部"作了专门报道：1980年10月，重庆市公用事业局根据出租汽车公司领导班子建设的需要，在市委组织部、市人事局的支持和帮助下，公开登报在重庆市内全民所有制职工中招聘经理、副经理和技术业务干部③。最后录用13人④。1981年底，中组部专门就深圳在全国公开招聘干部的"游说"，连夜召开了一次特别会议，同意深圳组织招聘工作组，到12个城市去招聘干部⑤。1986年，深圳又两次向社会公开招聘了20名局级领导干部⑥。

---

① 中共中央组织部研究室、政策法规局：《创造充满活力的用人机制》，青岛出版社2000年版，第62页。
② 广东省委组织部：《让竞争成为习惯——努力推进竞争性选拔干部工作常态化》，2012年全国领导干部考试测评工作座谈会交流发言材料之三（内部资料）。
③ 报考人员须持所在单位党组织的介绍信报名，然后经过严格的业务考核和政治审查。最后，从报考的216名人员中，录用了11人。其中，6人被安排在市出租汽车公司。具体职务为副经理3人、工程师1人、会计师2人。参见中共中央组织部《组工通讯(1982)》，党建读物出版社1983年版，第78页。
④ 中共中央组织部：《组工通讯（1982）》，党建读物出版社1983年版，第78页。
⑤ 《向中组部要权，开全国揽才先河》，《南方都市报》2010年4月1日。
⑥ 吕锐锋：《深圳干部制度改革论》，海天出版社1997年版，第22页。

此阶段，最有影响的标志性事例①，是1985年宁波市委组织部通过新闻媒体公布条件，对市计委主任、物价局局长、林业局局长等5个领导职位，面向全市公开选拔（最后选出13名），并首次明确提出了公开选拔这一概念，把笔试和面试引入到干部选拔工作中②。

改革开放初期部分省市（如重庆、深圳、宁波、广州、西安、吉林、江西、湖北、浙江等）对传统委任制的破冰试验，为领导干部竞争性选拔制度发展提供了宝贵经验。在这一阶段，尽管选拔的干部人数还比较少，相关配套措施也比较滞后，但表现出很强的生命力。

（三）规制机构裁决确认

中共吉林省委从1988年到1992年，先后4次通过竞争性选拔方式选拔副厅级干部38名。1992年6月22日，中共中央组织部转发吉林省委组织部《关于采取"一推双考"③的方式公开选拔副厅级领导干部情况的报告》，肯定了公开选拔领导干部这一做法，要求各级各部门总结前几年干部制度改革的经验，不断改进干部选拔方法④。

历经12年的改革开放、破冰试验、观察监督、审时度势，最终确认了竞争性选拔领导人选拔方式，开始启动竞争性选拔规制。

---

① 1985年7月至9月，浙江省委组织部协助宁波市委组织部，对宁波市计委主任、物价局局长、林业局局长等5个局级领导职位，通过报纸、电台公布选拔条件，请全市人民荐贤举才，鼓励和提倡自荐，并引入笔试、面试等新的评价手段，对报名者进行综合考试和考察。在这次公开选拔局级领导干部活动中，共有171人被推荐或自荐参与竞争。在实施笔试后，共有32名优秀者进入面试。由于选人的视野比较开阔，优秀人才相对集中，这次面向社会的竞争性选拔共选拔出局级领导干部13名。

② 吴瀚飞：《中国公开选拔领导干部制度研究》，中国社会科学出版社2002年版，第52页。

③ "一推双考"，即公开推荐与考试考核相结合。

④ 中共中央组织部干部调配局：《干部管理工作文件汇编》，党建读物出版社1995年版，第358—366页。

二 规制规范与实施阶段（1992—2002）

此阶段是竞争性选拔规制的早期阶段。其主要特征表现为规制立法机关和规制机构逐步加强竞争性选拔规制力度，具体表现在：规制立法机关启动规制立法、规制机构实施推广规范规制、设立相对独立的竞争性选拔规制机构、启动实施标准规制。

（一）规制立法机关启动规制立法

中共中央通过条例、通知等法规性文件，启动了对竞争性选拔制度的推广和规制立法，竞争性选拔规制开始准备纳入党纪国法轨道。这一阶段，竞争性选拔领导干部的制度创新引起了广泛关注。这一时期，中共中央先后下发多个规范性文件，指导各地的竞争性选拔实践。1994年，中共中央十四届四中全会公报提出："对公开选拔领导干部，要认真研究和总结，使其不断完善。"十四届四中全会通过的《关于加强党的建设几个重大问题的决定》，对公开选拔领导干部这一做法，给予了充分的肯定，要求各地各部门深入研究"一推双考"，勇于创新，逐步改进干部选拔方法。1994年，一些地方和部门在机构改革及推行公务员制度入轨阶段，在机关内部试行竞争上岗。这项选人用人制度的改革，引起了中央领导同志的高度重视，要求注意总结积累经验，积极推行竞争上岗[1]。此后，这一做法逐步在全国各地推广。

1995年，中共中央下发《党政领导干部选拔任用工作暂行条例》，充分肯定了这一做法。如《暂行条例》规定[2]，推荐领导成员人选，还可以采取个人自荐和考试、考核相结合的办法。2000

---

[1] 中共中央组织部领导干部考试与测评中心：《党政领导干部公开选拔和竞争上岗考试测评工作指导手册》，党建读物出版社2010年版，第8页。

[2] 《党政领导干部选拔任用工作暂行条例》第二条规定：选拔任用党政领导干部，必须坚持公开、平等、竞争、择优原则；第十五条规定：推荐党委、政府及其工作部门某些领导成员人选，还可以采取组织推荐、群众推荐、个人自荐和考试、考核相结合的办法。

年6月，中共中央办公厅印发《2001—2010年深化干部人事制度改革纲要》，明确提出："要推行公开选拔党政领导干部制度。逐步提高公开选拔的领导干部在新提拔的同级干部中的比例。要加快全国统一题库建设。实现公开选拔党政领导干部工作的规范化、制度化。"①据此，各省市也都制定了专门规定。全国各地县以上党政机关均不同程度地开展竞争性选拔。

（二）规制机构实施推广规范规制

1996年1月，中共中央组织部转发《吉林省公开推荐与考试考核相结合选拔领导干部的暂行办法》（组通字〔1996〕5号），再次确认吉林省委的竞争性选拔制度创新。1998年7月，中共中央组织部和国家人事部联合制定下发《关于党政机关推行竞争上岗的意见》，并召开全国党政机关推行竞争上岗工作会议，作出部署。要求把考试作为重要环节，并规定考试的内容主要是履行竞争职位职责所必备的基本知识和能力。1998年底，全国组织部长会议明确提出，要逐步扩大公开选拔领导干部的范围，要求在党政职能部门出现空缺，或新增、调整职位，应尽可能采用这种办法选人。1999年3月，中组部印发《关于进一步做好公开选拔领导干部工作的通知》，规定考试作为公开选拔的关键环节，对考试的内容和形式、考务组织和管理、着力提高考试科学化水平都提出了明确要求。1999年底，中共中央组织部、国家人事部又联合下发了《关于在地方政府机构改革中做好人员定岗分流工作的通知》，要求各地抓住机构改革的机遇积极推行竞争上岗。

（三）设立相对独立的竞争性选拔规制机构

由于委任制和竞争性选拔制的"双轨制"问题开始显现，利

---

① 中共中央组织部研究室、政策法规局：《创造充满活力的用人机制》，青岛出版社2000年版，第62页。

用手中规制权力庇护下的"机会主义行为"①初显端倪，因此也需要建立相对独立的规制机构，以克服或弱化这种机会主义行为②。1998年，中共中央组织部筹建考试测评中心。2001年5月，中共中央组织部领导干部考试与测评中心正式成立。设立相对独立的竞争性选拔规制机构，明确竞争性选拔规制主体。部分省区市党委也先后相继成立领导干部考试测评中心。

（四）启动实施标准规制

竞争性选拔技术与竞争性选拔制度同步发展。1998年8月，胡锦涛在中央组织部呈报的《关于建立全国统一、规范的公开选拔领导干部考试题库问题的报告》中作出重要批示："赞成建立全国统一的通用题库，这样可以减少各地公开选拔领导干部的工作量，保证考试质量，降低考试成本。"③胡锦涛同志作出重要批示后，中央组织部即会同有关单位联合开展"全国领导干部选拔考试通用题库"建设工作。全国组织系统考试测评机构也积极探索领导干部考试测评题库建设工作。1998年12月，中央组织部组织有关力量制定考试大纲，2000年1月颁布《全国公开选拔党政领导干部考试大纲（试行）》，这是我党选拔干部的首部综合性考试大纲。《考试大纲》明确了公共科目笔试和面试的标准和内容，标志着领导干部考试测评的标准初步确立。

这一阶段，在中共中央及中央组织部一系列政策和工作的集中推动下，竞争性选拔得以长足发展。据不完全统计，1993年到1997年，全国有29个省区市开展了竞争性选拔工作，20多个省区

---

① 张红凤、杨慧：《规制经济学沿革的内在逻辑及发展方向》，《中国社会科学》2011年第6期，第57—67页。
② 张莹、张红凤：《中国社会性规制改革的策略选择》，《教学与研究》2013年第11期，第47—54页。
③ 吴瀚飞：《以改革创新精神满怀信心地开创领导干部考试测评工作新局面——在全国组织系统领导干部考试与测评机构负责人会议上的讲话》2009年5月27日（内部资料）。

市制定了有关规范性文件，部分省市党委还建立了竞争性选拔试题库①。

三 规制立法与执行阶段（2002—2012）

此阶段是竞争性选拔规制的中期阶段。其主要特征表现为竞争性选拔规制正式纳入党纪国法轨道，修订完善规制制度、强化技术标准规制，明确规制机构规制职责、构建规制工作体系，加强机构队伍建设、加大规制执行力度。

（一）基本形成竞争性选拔规制党纪国法体系

2002年7月，中共中央正式颁布《党政领导干部选拔任用工作条例》，专门增设"公开选拔与竞争上岗"一章。明确规定公开选拔和竞争上岗是党政领导干部选拔任用的方式之一。2004年3月，中共中央办公厅正式印发与《党政领导干部选拔任用工作条例》相配套的两个暂行规定②，即《公开选拔党政领导干部暂行规定》和《党政机关竞争上岗工作暂行规定》。党的十七大报告指出，要完善公开选拔、竞争上岗办法。党的十七届四中全会《关于加强和改进新形势下党的建设若干重大问题的决定》再次强调，要完善公开选拔、竞争上岗等竞争性选拔干部方式，突出岗位特点，注重能力实绩。

国务院国有资产监督管理委员会于2004年12月16日以中共国资委委员会文件下发《关于加快推进中央企业公开招聘经营管理者和内部竞争上岗工作的通知》③，通知要求以探索建立坚持党

---

① 中共中央组织部领导干部考试与测评中心：《党政领导干部公开选拔和竞争上岗考试测评工作指导手册》，党建读物出版社2010年版，第3页。

② 这两个"暂行规定"在总结多年实践经验的基础上对包括考试在内的各个环节和程序作出了比较科学严密、符合实际的规范，规定笔试、面试都要依据《党政领导干部公开选拔和竞争上岗考试大纲》来命题，公开选拔试题一般从全国领导干部考试通用题库以及经认定合格的省级组织部门题库中提取。

③ 同时印发了两个附件：《中央企业公开招聘经营管理者工作指南》和《中央企业内部竞争上岗工作指南》。

管干部原则与市场化选聘企业经营管理者相结合的新机制，加快推进中央企业公开招聘经营管理者和内部竞争上岗工作。

2005年4月，十届全国人大常委会第十五次会议审议通过《中华人民共和国公务员法》。2006年1月1日正式实施。《公务员法》第一次从法律上确认竞争性选拔是职务晋升的方式之一①。

至此，竞争性选拔领导人选制度及其规制制度，在党规国法层面得以确立。

(二)修订完善规制制度，强化技术标准规制

2003年初，中央组织部以党的十六大精神为指导，总结考试测评工作的新经验，对试行的考试大纲进行修订。2004年4月，正式颁布《党政领导干部公开选拔和竞争上岗考试大纲》。考试测评标准正式确立，为全国领导干部选拔考试通用题库建设提供了基本依据。从2007年底开始，按照贯彻落实科学发展观和党的十七大精神的要求，为及时总结借鉴国内外领导人才考试测评的有关方法和技术，进一步规范考试测评工作，中央组织部又组织力量对现行考试大纲进行了修订。2009年9月，颁布新修订的《党政领导干部公开选拔和竞争上岗考试大纲》，为考试测评工作的规范有序开展奠定了基础。

2009年5月，中共中央组织部领导干部考试与测评中心编制《全国领导干部选拔考试通用题库分题库工作手册（试行）》，就题库建设与管理的有关规范、工作流程、保密等作出了明确规定。同时还制定了与《题库工作手册》相配套的一系列规范，包括《全国领导干部选拔考试通用题库分题库建设与管理工作暂行规范》、《全国领导干部选拔考试通用题库笔试试题命制规范》、《全国领导

---

① 《公务员法》第七章"职务升降"第四十五条规定：机关内设机构厅局级正职以下领导职务出现空缺时，可以在本机关或者本系统内通过竞争上岗的方式，产生任职人选。厅局级正职以下领导职务或者副调研员以上及其他相当职务层次的非领导职务出现空缺，可以面向社会公开选拔，产生任职人选。

干部选拔考试通用题库面试试题命制规范》、《全国领导干部选拔考试通用题库试题审定工作规范》、《全国领导干部选拔考试通用题库工作人员行为规范》、《全国领导干部选拔考试通用题库保密工作"八严禁"》等。

这标志着竞争性选拔及其规制走向逐步规范发展的阶段。在这一阶段，领导干部考试测评的理论体系初步形成、标准体系初步建立、方法技术体系不断完善，竞争性选拔及其规制水平有了较大提高。

（三）明确规制机构职责，构建规制工作体系

明确规制机构职责的切入点，是通过明确全国通用题库的管理职责，以规范竞争性选拔规制机构职责、构建竞争性选拔规制工作体系。

根据党的十七大精神，在总结全国题库建设经验和存在问题的基础上，中央组织部以科学发展观为指导，从形成干部选拔任用科学机制的要求出发，于2007年底印发了《关于进一步加强全国领导干部选拔考试通用题库建设的意见》，正式确立了"统一标准、规范管理、分级负责、联合建设、资源共享、及时更新、保证质量、提高效率、安全保密"的通用题库建设与管理的规制模式。

全国通用题库由总题库和分题库组成。总题库设在中央组织部，分题库设在省区市党委组织部、副省级城市党委组织部或其管理的考试测评机构。全国通用题库由中央组织部会同有关部委与省区市党委组织部、副省级城市党委组织部联合建设。中央组织部负责全国通用题库建设标准的制定；总题库的建设和日常管理及分题库的规范管理和业务指导；组织开发通用试题及测评工具，确定题库年度更新计划，下达年度通用试题征题任务，集中组织审题，为分题库提供通用试题及测评工具；制定工作规范，开展业务培训，进行督促检查。省区市党委组织部和副省级城市党委组织部负责分题库的建设和日常管理，承担中央组织部下达的通用试题命制和测

评工具开发等任务，命制具有地方特色的通用试题。原则上，总题库负责提供中央国家机关部委公开选拔和竞争上岗考试通用试题及各省区市公开选拔副厅（局）级以上领导干部考试通用试题；分题库负责提供地方县（处）级以下领导干部公开选拔和竞争上岗考试通用试题。

"竞争性选拔"这一概念是在2009年9月召开的中共十七届四中全会上首次被正式提出。全会《关于加强和改进新形势下党的建设若干重大问题的决定》指出，要"完善公开选拔、竞争上岗等竞争性选拔干部方式，突出岗位特点，注重能力实绩"。

目前，已开通全国31个省区市和建设兵团以及部分副省级城市分题库。在全国建立统一规范的通用题库，这标志着竞争性选拔领导人选考试测评及题库建设进入整体推进的新阶段。竞争性选拔领导人选考试测评工作统筹规划、整体推进、全国一盘棋的工作格局、规制体系初步形成。

（四）发布规制标准指南，加大规制执行力度

为加大竞争性选拔规制力度，中共中央组织部领导干部考试与测评中心组织编写出版了《党政领导干部公开选拔和竞争上岗考试测评工作指导手册》（2010年版）。其主要内容是解析政策、总结经验、提供范例、明确应注意把握的环节和问题，包括公开选拔和竞争上岗考试测评工作组织实施以及考试测评的方法与技术等。《考试测评工作指导手册》以现行法规为依据，紧密结合工作实际，按照"系统、准确、简明、实用"的原则，体现政策性、规范性、科学性、可操作性，为各地各部门组织（人事）部门提供开展公开选拔和竞争上岗考试测评工作参考，以指导制定科学合理的工作方案并公正严密地组织实施。

截至2009年底，中央组织部领导干部考试与测评中心连续7年承担公开招聘中央企业高级经营管理者考试测评工作，共选拔了118名高级经营管理人员。2008年10月，时任中组部部长在视察

中央组织部和国务院国资委公开招聘中央企业高级经营管理者面试工作时指出："考评的办法水平高，在过去干部考评和企业高管人员考评的基础上有很大突破，把我们公开选聘领导干部和高管人员的办法提高到一个新的水平。"

《2010—2020年深化干部人事制度改革规划纲要》要求，到2015年，新提拔厅局级以下委任制党政领导干部中，通过竞争性选拔方式产生的不少于1/3。随之而来的是，各地各部门进一步加大竞争性选拔领导干部制度的推行力度，提高了竞争性选拔职位的层次，扩大了竞争性选拔的规模，创新了竞争性选拔的方式方法。

四　规制评估与改革阶段（2012年至今）

当下正值竞争性选拔规制的近期阶段，即竞争性选拔规制评估与改革阶段。

党的十八大报告指出，改革要努力"构建系统完备、科学规范、运行有效的制度体系，使各方面制度更加成熟更加定型"；要"全面准确贯彻民主、公开、竞争、择优方针，扩大干部工作民主，提高民主质量，完善竞争性选拔干部方式，提高选人用人公信度"。五年一度的2013年全国组织工作会议前后，中央对竞争性选拔及其规制进行了全面的评估，提出要特别注意研究新情况新问题。如领导干部竞争性选拔范围与规模、民主推荐与民主测评、选拔考试与测评等问题。十八届三中全会又强调，要"改进竞争性选拔干部办法"。

党的十八大、十八届三中全会及全国组织工作会议，对竞争性选拔及其规制的质量和效果提出了更多与更高的要求。中央基于新时期经济、社会的实际情况并结合竞争性选拔规制的需求状况，对竞争性选拔规制党纪法规进行了进一步完善，同时调整竞争性选拔规制机构职责，进一步明确了竞争性选拔规制的职能分工，理顺了竞争性选拔规制系统内部关系。

第一，进一步修改和修订竞争性选拔规制的党纪法规。在 2002 年版《党政领导干部选拔任用工作条例》基础上，根据新形势新要求，2014 年 1 月 14 日，中共中央颁布新修订的《党政领导干部选拔任用工作条例》。不断修订完善的竞争性选拔规制党纪法规，为竞争性选拔规制提供了基本法规。

第二，进一步调整竞争性选拔规制机构职责，注重发挥党委组织部门的竞争性选拔规制职能。理顺了竞争性选拔规制机构部门的职责关系，为提升竞争性选拔规制绩效，更好地满足竞争性选拔规制需求奠定了良好的组织基础。强调必须发挥党组织领导和把关作用，适当加强领导班子、分管领导和组织部门在推荐干部方面的权重。将竞争性选拔测试测评方法运用到组织考察环节，为考核考察领导人选提供服务，在"构建有效管用、简便易行的选人用机制"方面发挥作用。

第三节　竞争性选拔规制变迁方式

制度变迁形成于制度（博弈的规则）和组织（博弈的参与者）的交互作用[①]。历史经验证明，委任制的确立对我国干部队伍建设乃至政治、经济和社会发展产生了重大影响，同样，从传统委任制向荐举委任制再向考选委任制拓展，竞争性选拔规制的出现也反映并推动了干部治理机制和党管干部理念的变革。传统委任制体现的是"全能政府"的治理理念，采取的是行政命令方式；竞争性选拔体现的"有限政府"的治理理念，采取的是竞争性选拔规制集成方式。基于传统委任制向竞争性选拔拓展的特殊事实，可以将竞

---

① ［美］道格拉斯·C. 诺思：《经济史中的结构与变迁》，陈郁、罗华平等译，上海三联书店、上海人民出版社 1994 年版；《制度、制度变迁与经济绩效》，刘守英译，上海三联书店 1994 年版；《制度变迁理论纲要》，《改革》1995 年第 3 期，第 52—56 页。

争性选拔规制的演化过程分解为两个阶段：2002 年版《党政领导干部选拔任用工作条例》为分界点①，之前为诱致型渐进式变迁过程；之后为供给主导型变迁过程，类似于"中国规制政府的崛起，正是一个供给主导型制度变迁过程"②。

一 2002 年版《条例》前期的诱致型渐进式变迁

制度创新主体为实现一定目标所采取的制度变迁形式、速度、突破口、实践路径等的总和，即制度变迁方式③。从制度的层次来看，有正式制度、非正式制度及实施机制。正式制度更多地与宏观层次（国家）联系在一起，而非正式制度则更多地与微观层次及中观层次（个人、利益集团）联系在一起④。非正式制度变迁主要是一种诱致型渐进式变迁，正式制度变迁主要是一种供给主导型变迁。在分析制度变迁时，之所以着力于非正式制度变迁层面，是因为它在技术上更直接地关系到人们的利益和社会经济进步⑤。竞争性选拔变迁既存在正式制度变迁，又存在非正式制度变迁。就2002 年版《党政领导干部选拔任用工作条例》前期阶段而言，非正式制度变迁所占比重更大。如图 2—1 所示。

过程 C，即竞争性选拔制变迁进程中所处的非正式制度变迁阶段。竞争性选拔制作为委任制的一部分，其变迁过程既体现了整体要求，又突出了单项制度的特点。实践表明，竞争性选拔变迁是在委任制控制下、传统委任制的外围开展，并且是在不扰动

---

① 2002 年 7 月，中共中央正式颁布《党政领导干部选拔任用工作条例》，专门增设"公开选拔与竞争上岗"一章。
② 沈宏亮：《中国规制政府的崛起：一个供给主导型制度变迁过程》，《经济学家》2011 年第 4 期，第 34—41 页。
③ 汪洪涛：《制度经济学：制度及制度变迁性质解释》（第二版），复旦大学出版社 2009 年版，第 64 页。
④ 卢现祥、朱巧玲：《新制度经济学》，北京大学出版社 2007 年版，第 12 页。
⑤ 汪洪涛：《制度经济学：制度及制度变迁性质解释》（第二版），复旦大学出版社 2009 年版，第 64 页。

```
          ┌─────────────┐
          │  传统委任制  │
          └─────────────┘
                 ↓
┌──────────────────┐      ┌──────────────────┐
│ 深化荐举委任制改革 │──[C]→│增量式推进竞争性选拔│
└──────────────────┘      └──────────────────┘
                 ↓
          ┌─────────────┐
          │ 竞争性选拔制 │
          └─────────────┘
```

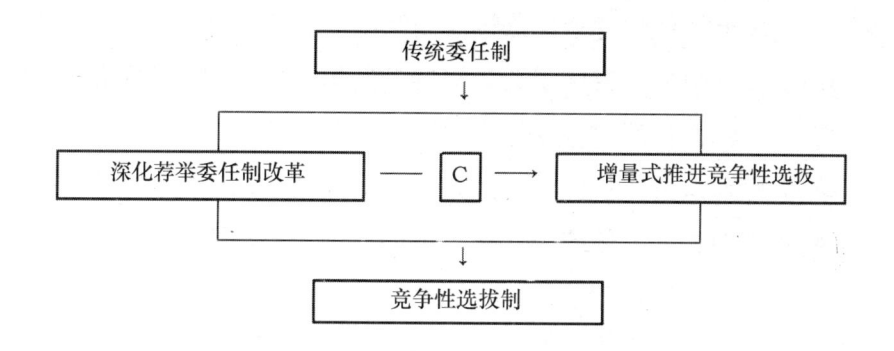

图 2—1　竞争性选拔制变迁轨迹

委任制的基础上进行的。因此，竞争性选拔变迁过程相对平稳，竞争性选拔制与传统委任制之间的交接轨迹平滑，不易引起较大的人事变动和激化矛盾，具有渐进式、体制外、增量型的特点。其优点：一是保证了在变迁过程中委任制继续发挥其功效，保证了党委政府运作的平稳性，同时通过局部变迁、区域试点，形成不同体制绩效的对比，有助于进一步扩大变迁范围和完善竞争性选拔制；二是既具有坚实的组织保障机制和自动的稳定功能，又具有内在的优化演进机制和广泛的决策修正机制，降低了决策失误率；三是激励机制持久起作用，保证了源源不断的变迁动力；四是变迁收益的外溢性和变迁主体的受益性，保证了变迁的不可逆性。[①]

二　2002 年版《条例》后期的供给主导型变迁

（一）供给主体与目标函数

在竞争性选拔规制变迁中，作为制度供给主体的中共中央，权衡领导人选和部门地方的规制需求，按照政治体制由上至下的组织

[①] 龚建桥：《公务员竞争性选拔制度变迁分析》，《开放导报》2012 年第 3 期，第 30—33 页。

原则，逐步提供新的竞争性选拔规制制度。竞争性选拔规制内生于市场化条件下中央的目标函数。坚持党的领导、坚持党管干部是中央的基本目标，各部门各地方相关利益主体遵从中央提供的政治规则与经济规则是这一目标实现的条件。干部人事制度在传统体制下相匹配的规则表现为传统委任制；市场体制需要与之相适应的新的规则，其中之一便是竞争性选拔制（还有荐举委任制）。竞争性选拔制能够确保公平竞优（公开、平等、竞争、择优）、选人用人公信度和社会公众利益，得到部门党组、地方党委和领导人选的支持。因此，中央有充分的规制供给意愿[①]。

(二) 规制需求与降低成本

中央提供的竞争性选拔规制反映了竞争性选拔规制需求的累积变化。20世纪90年代前，竞争性选拔规制主要表现为规制开启与确认的特点，社会对竞争性选拔规制的需求尚未凸现出来。90年代中期以后社会的竞争性选拔规制需求发生了变化。1993年宪法确立"国家实行社会主义市场经济"体制以后，干部人事制度改革的同时，委任制也开始引入竞争机制。从领导人选和用人单位来看，竞争性选拔的信息不对称愈益严重，其受到损害的诉求也不断上升。随着领导人选和用人单位保护意识的日益觉醒，对于竞争性选拔诸方面的事前规制需求日益增大。鉴于此，中央在组织部设立公选办、领导干部考试与测评中心等规制机构，各地方党委也相继成立公选办和考试测评机构。

竞争性选拔规制供给遵循了成本较低的路径。首先，竞争性选拔规制机构的设立是通过"三定方案"（定职能、定机构、定编制）设立的，这种通过行政性手段在短期内创设新制度，缩短了立法周期及其可能耗费的人力物力。其次，竞争性选拔规制机构的以下两种设置方式，减小了新机构设立可能遇到的阻碍并降低了机

---

① 沈宏亮：《路径依赖、效率特征与政府规制的边际改进》，《改革》2011年第3期。

构运营成本。一是在组织部门内部通过职能调整设立公开选拔领导干部工作领导小组办公室（公选办）；二是通过组织部内设部门重组、分流人员新建规制机构，如领导干部考试与测评中心、高级人才测评中心、高级经理评价推荐中心等。

（三）路径依赖

竞争性选拔规制产生与演化即制度变迁，体现出明显的路径依赖[①]特征。

（1）前提：党管干部的政治属性。干部选拔任用制度变革坚持中国特色社会主义属性，坚持党管干部原则。竞争性选拔在制度变迁过程中，保持与委任制相同的政治属性，是竞争性选拔制变迁的前提要求。随着发展市场经济和增强选人用人政策透明度的要求，中央主动在委任制中拓展竞争性选拔制，在组织部内部或属下设立竞争性选拔规制部门，利用自我规制和公共规制等手段提高选人用人公信度。然而，习惯于委任制的层级控制体系，转而实施竞争性选拔规制体系需要一个过程，也使得中央必然渐进地推进竞争性选拔规制。

（2）主导：自上而下的党委推动。尽管竞争性选拔制变迁是一种客观的社会需求，但这种需求是潜在的、间接的，真正主导变迁具体过程的是党委，因此在具体形式上就表现出以自上而下为主导的变革模式。党委保持高度的集权能力，在制度供给上处于绝对优势地位，使得党委在竞争性选拔制度变迁路径上拥有决策权。

（3）模式：补充委任的主辅并行。在传统委任制向竞争性选拔制转变的过程中，一方面以"试点—推广"方式逐步扩大竞争

---

① 由于组成一种制度的各个正式制度安排间的互补性、正式制度安排与非正式制度的相互渗透、个体和组织的适应性学习与惯性等的作用，任何一种制度形成后在短期内都难以改变，并使新制度的产生表现出边际改进的路径依赖特点（参见［美］道格拉斯·C.诺思《经济史中的结构与变迁》，陈郁、罗华平等译，上海三联书店、上海人民出版社1994年版。《制度、制度变迁与经济绩效》，刘守英译，上海三联书店1994年版。［美］R. 科斯、C. 诺斯等：《财产权利与制度变迁》，刘守英译，上海人民出版社1994年版）。

性选拔制的变革范围；另一方面坚持两种制度平稳过渡，要求竞争性选拔制度必须充分契合委任制的特点和地区差异。形成了传统委任制同竞争性选拔制主辅并行不悖的模式。主辅并行产生的摩擦导致竞争性选拔规制执行成本较大。譬如，中央的人事治理理念已经由单一的传统委任制向竞争性选拔制拓展，但由于传统委任制的长久激励，竞争性选拔规制职能常常被弱化，竞争性选拔规制机构实施的政策也往往受到干涉、甚至被规避。例如，至今仍有地方党委未设立竞争性选拔规制专门机构，甚至设立后再撤销。

（4）选择：现代考评和科举发明。竞争性选拔制在很大程度上选择参考了现代考评体制的特点，同时，中国科举制[①]等文化背景，极大地影响了竞争性选拔制变迁内容的选择。尽管科举制（被世人誉为中国的第五大发明）已经消亡，但作为官员选拔考试制度的雏形，大量宝贵的历史实践为竞争性选拔制度建设提供了重要的参考和借鉴。

第四节　竞争性选拔规制成效

经过30多年的改革探索，竞争性选拔规制逐步完善，程序日

[①] 科举即分科举人；科举制即中国古代封建王朝的选官制度。分科举人是广义上的科举，始自汉代。进士科举是严格意义上的科举，起源于隋、形成于唐、完备于宋、定型于明、废止于清末（参见刘海峰：《科举考试的教育学视角》，湖北教育出版社1996年版，第7页）。孙中山称赞它为："世界各国中所用以拔取真才之最古最好的制度。"科举制作为中国古代社会中存在时间最长、影响最为深远的具有中国特色的选官制度，对中国社会进步起到了一定的积极作用，也为今天创新竞争性选拔制度提供了历史借鉴。科举制不仅对整个中国乃至对世界历史均产生了重大作用，不容小觑。诚然，科举制因其自身积弊而遭到废除，但并不能因此而否定其历史功绩，而应重新、正确地审视历史，吸收科举制的精髓。科举制对中国文化乃至世界文明均作出了重大的贡献。因此，刘海峰将其喻为"中国的第五大发明"。相较于西方世界对于科举制的褒奖，中国社会对于科举制的态度却大相径庭。诚然，科举制因其自身积弊的积重难返而遭以废止，但其合理因素和历史作用，却不应被国人所抹去。相反，应该在批判的基础上，总结经验教训，探寻科举制对当今竞争性选拔制的启示（参见孙泽兵：《党政领导干部竞争性选拔考试制度创新研究》，华中师范大学博士学位论文，2011年）。

趋规范，组织更加严密，竞争性选拔逐步得到干部群众认可。在2008年首次全国组织工作满意度民意调查结果表明，对于14项改革措施中的"关于近年来干部人事制度改革哪些措施比较有成效"，70.55%人将公开选拔列为第1位，61.92%的人将竞争上岗列为第2位。竞争性选拔之所以得到干部群众认可，源于竞争性选拔及其规制所取得的显著成效。其显著成效主要表现在以下五个方面[①]：

一　规制机构和队伍建设有效加强

随着竞争性选拔制度深入推行，各地对竞争性选拔规制的重视程度越来越高，全国各省区市和部分副省级城市党委组织部门成立了专门规制机构。为加强队伍建设主要是加强命题专家、面试考官、考试考务等三支队伍建设，中央组织部领导干部考试与测评中心自2003年以来，连年举办面试考官培训班、命题专家培训班和考试测评业务培训班。

二　规制标准和考试大纲逐步确立

科学制定竞争性选拔考试测评规制标准，对确保竞争性选拔考试测评工作的客观公正，顺利推进竞争性选拔，建立健全科学的领导人选选拔任用机制和人才评价机制具有重要意义。《党政领导干部公开选拔和竞争上岗考试大纲》从试行到正式再到修订，先后历经了三次。

第一次始自1998年底，中央组织部组织有关力量研究考试测评标准，着手制定考试大纲，2000年1月颁布我党首部选拔领导干部的综合性《党政领导干部公开选拔和竞争上岗考试大纲（试

---

① 中共中央组织部领导干部考试与测评中心：《党政领导干部公开选拔和竞争上岗考试测评工作指导手册》，党建读物出版社2010年版，第3—17页。

行)》,标志着领导干部考试测评的标准初步确立。

第二次始自 2003 年初,以党的十六大精神为指导,总结考试测评经验,对试行大纲进行修订,2004 年 4 月,正式颁布《党政领导干部公开选拔和竞争上岗考试大纲》,标志着竞争性选拔考试测评标准的正式确立。《党政领导干部公开选拔和竞争上岗考试大纲》的正式颁布,一是规范了各地各部门竞争性选拔考试测评工作的基本程序,提高了科学化水平,有力地促进了竞争性选拔制度的推行;二是规范了考试内容和方法技术,为全国通用题库建设提供了基本依据;三是对广大领导人选起到了积极的引导作用。

第三次始自 2007 年底,按照贯彻落实科学发展观和党的十七大精神的要求,为及时总结借鉴国内外领导人才考试测评的有关方法和技术,进一步规范竞争性选拔考试测评工作,建立科学公正的领导人选拔机制,中央组织部再次组织力量对考试大纲进行修订。2009 年 9 月,颁布新修订的《党政领导干部公开选拔和竞争上岗考试大纲》,为竞争性选拔考试测评工作的规范有序开展奠定了基础。

三 规制程序和方法技术不断完善

规范竞争性选拔程序,创新考试测评方法是提高竞争性选拔科学化、规范化和制度化水平,体现民主、公开、竞争、择优,实现优秀人才脱颖而出的重要保证。通过全国各地竞争性选拔考试测评实践,逐步形成并不断完善了竞争性选拔考试测评工作程序,包括方案制定、信息发布、职位分析、命题设计、笔试命题及实施、笔试阅卷、面试命题及施测、测评结果质量评估等十大程序。部分省市还探索统一考试制度,也取得了较好效果。

在不断开发改进考评技术方面,一是中央组织部领导干部考试与测评中心先后组织开展的多项研究和技术开发。项目研究包括公开选拔考试与科举考试比较研究、能力结构研究、品德研究、笔试研究、结构化面试研究、情景模拟应用研究、资历评价方法技术研究、心理素质测评研究、绩效评估研究等；技术开发包括党政领导干部能力测评系统、无领导小组讨论、公文筐测验等评价中心技术工具的研发。其中党政领导干部能力测评系统，在各地竞争性选拔考试测评工作中得到了各个方面的充分肯定。二是各地考试测评机构也在完善笔试、面试技术的基础上，结合实际，加大考试测评技术研发力度，积极探索胜任力模型、360度评估、实地调研、公文筐测验、无领导小组讨论、情景模拟、工作价值观测验、心理素质测试、履历评价等技术方法，加强对应试者的能力测评和综合分析评价，有效地避免了"高分低能"现象。一些地方还尝试建立考试测评跟踪反馈机制，不断改进和提高考试测评质量①。

四　通用题库初步建成

"统一标准、规范管理、分级负责、联合建设、资源共享、及时更新、保证质量、提高效率、安全保密"的通用题库建设与管理的规制模式，已于2007年底在中央组织部印发的《关于进一步加强全国领导干部选拔考试通用题库建设的意见》中被正式确立。目前，已开通全国31个省区市和建设兵团以及部分副省级城市分题库。总题库设在中组部。总题库、分题库的试题并入全国通用题库统一运行，供全国各分题库共同使用。从已开通运行的分题库使用情况看，全国通用题库管理运行模式较为合理，在一定程度上满足了各地各部门开展竞争性选拔工作的需要。

五　规制体系和绩效初显端倪

竞争性选拔规制在经历了规制开启与确认阶段（1980—1992）、规制规范与实施阶段（1992—2002）、规制立法与执行阶

---

① 赵洪俊：《中国领导人才能力测评技术参考手册》，新华出版社2006年版。

段（2002—2012）后，现已进入规制评估与创新阶段（2012—2014），其间，竞争性选拔在规制立法、规制机构、规制标准、规制队伍、规制程序、规制方式方法等体系和绩效方面，都取得了初步的成效，为进一步的竞争性选拔规制发展打下了坚实的基础。

第五节 本章小结：否定之否定

竞争性选拔规制从无到有、从弱到强。

第一，竞争性选拔规制变迁经历了规制开启与确认阶段（1980—1992）、规制规范与实施阶段（1992—2002）、规制立法与执行阶段（2002—2012），现正进入规制评估与创新阶段（2012—2014）。

第二，总体来看，2002年7月版《党政领导干部选拔任用工作条例》之前为诱致型变迁过程，之后为供给主导型变迁过程。

第三，经过30多年的改革，规制机构和队伍建设有效加强，规制标准和考试大纲逐步确立，规制程序和方法技术不断完善，通用题库初步建成，规制体系初步形成，规制的力度不断加强，规制的效果初步显现。

第四，党的十八大以来，尤其是2013年全国组织工作会议以来，党对领导干部竞争性选拔及其规制的评估与改革，貌似但并非简单地收紧竞争性选拔，而是在新时期、新的制度环境下对竞争性选拔的规制范围、规制方式、规制制度的适应性调整，是一种新环境下的再规制。

第三章　竞争性选拔风险及其规制风险辨识

本章在阐释选拔风险与选拔规制风险的基础上,描述竞争性选拔风险表象,辨识竞争性选拔风险类型,分析四类制度性风险及其关系,并进一步分析竞争性选拔规制体系中的主要风险因素和规制方式中的主要风险点,以期为后续的竞争性选拔规制三维结构体系的构建和竞争性选拔规制改革建议提供必要性和客观依据。

第一节　选拔风险与选拔规制风险

随着竞争性选拔制的建立与推进,选拔风险逐步显露出来。对于选拔风险,党委政府可以通过规制等手段加以克服或削减,其中竞争性选拔规制作为依据党纪国法对竞争性选拔进行规范、约束和限制的主要手段,在控制竞争性选拔风险方面发挥着重要作用。从理论上看,对选拔风险进行规制,以维护竞争性选拔有序发展,是坚持党管干部原则的题中之意。选拔风险的存在,为竞争性选拔规制提供了必要性和客观依据。

在从传统委任制向竞争性选拔制拓展的转型期,由于竞争性选拔制度、规制体系不完善等原因,规制主体在履行规制责任的过程中,往往会偏离目标,在对选拔失灵进行纠偏、对选拔风险进行控制的同时又会产生竞争性选拔规制风险，而且规制风险比选拔风险带来的危害可能更大。在选拔机制与选拔规制、有效与失灵之间存在多种交叉组合，最为棘手的是选拔风险与选拔规制风险并存。现阶段竞争性选拔存在的选拔风险与选拔规制风险并存问题，反映了传统委任制的烙印以及选拔机制与选拔规制磨合中的失控现象。在政治体制改革有待深入的情况下推广实施竞争性选拔，这就更有可能导致严重的选拔规制风险。因此，理论研究的重点应从选拔风险逐渐转向选拔规制风险，要深入研究怎样通过规制改革，防控选拔规制风险，改革委任与竞争的关系，使竞争在领导职位及其人选资源配置中居于核心地位并充分发挥作用。事实上，选拔规制既存在着越位的风险，也存在着缺位的风险，更存在着由越位、缺位引起的效率低下等风险问题。因此，必须对竞争性选拔规制进行改革。理论的研究重点从选拔风险逐渐转移到选拔规制风险，最终寻求在控制选拔风险的基础上，如何同时控制选拔规制风险。只有选拔风险与选拔规制风险同时得到控制，领导职位及其人选资源配置才能达到帕累托最优，社会福利才能实现最大化。

在传统委任制向荐举委任制拓展进而向考选委任制（竞争性选拔制）拓展中出现的一些现象，有些是选拔风险引起的，有些并非由选拔风险造成，恰恰是竞争尚未完全充分发挥作用，而选拔规制采取不恰当规制的结果，这都可以从竞争性选拔规制改革迟缓中找到原因。目前，2014年版《党政领导干部选拔任用工作条例》已修订出台，展示了拓展时期规制主体致力于通过制度安排进行竞争性选拔规制改革，以实现领导职位及其人选资源配置最优的决心。

第二节　竞争性选拔风险表象

自2008年起，中共中央组织部已连续5年委托国家统计局在全国独立组织开展了选人用人公信度和组织工作满意度民意调查①。调查设置4项满意度测评指标：干部选拔任用、防止和纠正用人不正之风工作、组工干部、组织工作。其中前两项指标的平均值为选人用人公信度的测评结果，后两项指标的平均值为组织工作满意度的测评结果②。调查方式采取随机抽样、入户问卷调查的方式进行。以2012年为例（5年基本相同），实际调查79298个样本；有效问卷78912个，占总数的99.51%；调查范围涉及全国31个省区市的394个地级市及直辖市辖区、694个县区、1391个乡镇、3950个村，在京的167个中央和国家机关、中央企事业单位及新疆生产建设兵团③。5年调查结果表明，选人用人公信度和组织工作满意度均连年提高，详见表3—1、图3—1所示（据国家统计局5年调查结果整理）。在2008年首次全国组织工作满意度民意调查中，"关于近年来干部人事制度改革哪些措施比较有成效"的调查结果表明，70.55%和61.92%的人认为是公开选拔和竞争上岗，分别位列14项改革措施的第1位和第2位④。

表3—1　　2008—2012年全国选人用人公信度民意调查结果　　（%）

年度	选人用人公信度	对干部选拔任用的满意度	防止和纠正用人不正之风	组织工作满意度	对组工干部的满意度	对组织工作的满意度
2008	66.94	67.04	66.84	73.57	—	—
2009	70.82	71.29	70.35	74.12	74.41	73.83
2010	72.37	72.92	71.81	75.36	75.54	75.17

---

① 《2011年选人用人公信度和组织工作满意度连续第三年提高》，《党建研究》2012年第2期，第13页。
② 《2011年全国组织工作满意度调查结果发布：选人用人公信度和组织工作满意度连续第三年提高》，《共产党员》2012年第1期（上），第6页。
③ 盛若蔚：《2011年全国组织工作满意度调查结果发布：选人用人公信度和组织工作满意度连续第三年提高》，《人民日报》2011年12月21日第006版。
④ 中共中央组织部领导干部考试与测评中心：《党政领导干部公开选拔和竞争上岗考试测评工作指导手册》，党建读物出版社2010年版，第3—5页。

续表

年度	选人用人公信度	对干部选拔任用的满意度	防止和纠正用人不正之风	组织工作满意度	对组工干部的满意度	对组织工作的满意度
2011	76.10	76.17	76.02	78.53	78.77	78.28
2012	78.30	78.52	78.08	79.96	—	—

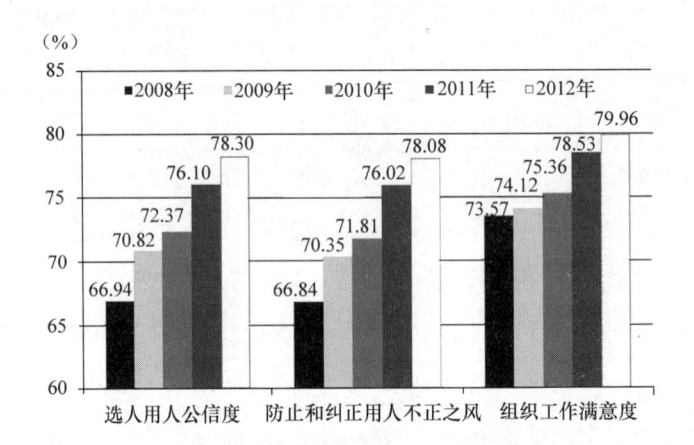

图 3—1　2008—2012 全国组织工作满意度民意调查结果

近年来,竞争性选拔公信度问题备受关注。选人用人公信度连年提高,说明竞争性选拔获得了社会的肯定,但与此同时,一些质疑也如影随形。从风险管理的角度来看,这些质疑正是竞争性选拔风险的部分来源。对竞争性选拔选人用人公信度的质疑大约来自以下五个方面①:一是由竞争性选拔职位引发的质疑:为什么竞争性选拔领导干部次数少、职数少、层级低、副职多?二是由报考条件引发的质疑:为什么报考资格和加分规定等似乎是刻意针对某些特定人员?三是由竞争性选拔考试内容引发的质疑:在较短时间内用设定的几个问题就能判定一个人的能力高下,决定一个人可否重用?竞争中的优胜者就可能被质疑高分低能。四是对竞争性选拔程

---

① 李民昌:《提高领导干部竞争性选拔公信度的路径探析》,《领导科学》2010 年第 9 期(中),第 6—8 页。

序的质疑：程序方法多变且差别大，有的程序过简，有的程序缺失，难道是选拔者有意留下操作空间？进而伤及竞争性选拔的公信度。五是对竞争性选拔结果和考试监督的质疑：结果真实吗？信度效度如何？为什么从来不对"瑕疵"作出合理解释？民主推荐、民主测评、组织考察是否真实？

2011年至2012年间，数名"80后"年轻干部相继被推到舆论的风口浪尖，成为媒体和网民关注的焦点，受到了网上网下铺天盖地的质疑。而这一切都源于他（她）们身上贴着一个共同的标签——用竞争性选拔方式"破格提拔"。这些恶性风险事件反映出了公众对竞争性选拔质量、选人用人公信度的强烈质疑，也再次给纪检监察部门敲响了应当加强竞争性选拔质量监管的警钟。

某廉政杂志社曾多次特邀专家专题研究讨论竞争性选拔公信度和买官卖官用人腐败等相关问题。有专家认为，程序公开公平公正既是对竞争性选拔公信度产生影响的根本原因，也是保障竞争性选拔公信度不可或缺的要件。一方面，应科学设计竞争性选拔程序，不能过繁或过简甚至缺失重要环节，留下暗箱操作的空间；另一方面，应尊重领导人选参与者和公众的知情权，程序公开透明，便于社会和媒体监督。也有专家认为，不能忽视在治理买官卖官等用人腐败上的问题和漏洞：一是推行竞争性选拔制度不够彻底，非竞争性选拔往往就给买官卖官者留下了暗箱操作的可乘之机。二是在程序性或实体性规定上仍存在比较严重的缺陷或漏洞，可能会被别有用心之人操控和利用，可能会给操控用人权的个人留下了巨大的用人腐败的漏洞和机会。甚至还有专家通过经验观察发现，"一种极端的伎俩就是：安排自己中意的候选人去参加统一考试（笔试、面试），把考题泄露出去，做面试考官的工作，让其过关。而一旦进入后面的程序，要达到卖官目的就如同囊中取物了。这并非恶意的假设，类似情形已在一些地方出现并继续着"①。

从上述的竞争性选拔选人用人公信度质疑、竞争性选拔风险事件以及专家学者的经验观察和睿智分析可以看出，竞争性选拔风险造成了严重的社会影响，损害了选人用人公信度和公众利益，也反映出竞争性选拔规制体制的瑕疵和漏洞。当引起监管机构对竞争性选拔风险包括推荐、测评、考察等环节中的风险以及制度性与非制度性风险的重视。

从竞争性选拔领导人选的全过程来看，竞争性选拔风险的来源存在于竞争性选拔的程序设计、考试测评、民主推荐、组织考察等几大关键环节。由于竞争性选拔领导人选的特殊性，使得民主推荐民主测评中拉票行为的可能性极大。考察环节与民主推荐环节一样，也是较难控制的环节之一。竞争性选拔领导人选的特殊性，使得组织考察谈话中的真话可能不具真实性、考察失真失实现象可能发生，这些将导致竞争性选拔质量产生变化，而且通常难以观察判断其质量的变化，以致出现质量风险，极有可能影响领导人选任用质量，危害领导干部队伍建设、选人用人公信度和公众利益。因此，从竞争性选拔职位确定、选拔设计、选拔考试、民主推荐到组织考察等各环节中，分析辨识其风险来源，是保证竞争性选拔质量的关键前提。

第三节　竞争性选拔风险类型

本书将研究限定在人为因素引发的风险。人为因素所引发的竞争性选拔风险可分为制度性风险与非制度性风险两类。制度性风险对非制度性风险既有正向作用又有反向作用。四类制度性风险的关

---

① 王春：《买官卖官现象调查：趋利性成内在动力》，《廉政瞭望》2010 年第 7 期，第 19—20 页（http：//news.jcrb.com/jxsw/201006/t20100630_380402_1.html）。

系既是一种包含关系又是一种规制关系。

一 制度性风险与非制度性风险

正如本书在第二章中对竞争性选拔相关概念所作的界定，竞争性选拔风险是指在竞争性选拔领导人选过程中，由于人为因素包括制度性因素和非制度性因素，导致竞争性选拔领导人选不符合相关方满意的质量，从而对领导人选任用、选人用人公信度和公众利益带来损害的风险即不确定性。竞争性选拔风险按起因可分为两大类，一是竞争性选拔领导人选的内在/固有风险，包括可预期和不可预期的领导人选任用后的适应性及其变化，如"有些人一开始选的时候并不是坏人，包括贪官，恐怕不全是一开始就是贪官"[①]；二是竞争性选拔的外在/偶然风险，包括推荐、测评、考察等环节中的违规竞争、管理不善、认知局限等人为因素所导致的风险。而人为因素所导致的竞争性选拔风险又可分为两类，一是竞争性选拔制度性风险；二是竞争性选拔非制度性风险。

（一）非制度性风险

非制度性风险与制度性风险相对。竞争性选拔非制度性风险，与竞争性选拔制度本身无关，是任何选人用人行为都可能存在的风险，是不属于制度范畴的风险。非制度性风险主要包括操作风险、声誉风险、政策风险、创新风险等。

竞争性选拔操作风险是指由于内部规程、人员、系统不完备甚至失效或外部事件而导致的直接或间接损害选拔质量和选人用人公信度的风险。竞争性选拔声誉风险是指负面的公众舆论对竞争性选拔及其选人用人公信度造成的风险。竞争性选拔政策风险是指党中央有关干部政策发生重大变化或是有重要的举措、党纪法规出台，

---

① 林其玲：《南开大学校长：校长后面加副部级是丢人的事》（http：//edu.people.com.cn/n/2015/0310/c1053-26670385.html）。

引起干部任用的波动，从而给用人单位和领导人选带来的风险。竞争性选拔技术创新风险，是指由外部环境的不确定性、技术创新项目本身的难度与复杂性、创新者自身能力与实力的有限性，而导致技术创新活动达不到预期目标的可能性。

(二) 制度性风险

竞争性选拔制度性风险，是竞争性选拔及其相关制度本身引发的风险。既可能是由于竞争性选拔及其相关制度不完备甚至缺失而引发的风险，也可能是由于竞争性选拔制度设计错误或不能完全适应政治经济社会背景而引发的风险，更可能是由于有效的竞争性选拔制度未能落实而引发的风险，甚至进一步放纵已发现的制度性风险和非制度性风险。

制度本是为规制非制度性风险而作出的制度性安排，对非制度性风险具有正向的规制阻抗作用，但如果制度有缺陷或非制度性风险钻制度的空子，则制度对非制度性风险又具有负向的规制失控作用，甚至具有释放、激发、放大作用。如果将竞争性选拔制度性风险表示为 S，其风险系数表示为 ks，将竞争性选拔非制度性风险表示为 S'，ks' 为 S' 被 S 作用后产生的风险系数，竞争性选拔风险系数 K 可表示为 $K = ks + ks'$。S' 不能被消除，但能也仅能被识别和控制；S 降低，则 ks 降低，ks' 也被降低；反之亦然。因此，改进完善竞争性选拔制度、降低竞争性选拔制度性风险是关键。

二 制度性风险类型

委任制是我国使用最普遍的干部任用形式，是我国领导干部选拔任用制度的基础性制度。委任制亦称任命制，与选任制相对应。2014 年版《党政领导干部选拔任用工作条例》规定：党政领导职务实行选任制、委任制，部分专业性较强的领导职务可以实行聘任制。改革开放以来，传统委任制中的直接委任、考察委任首先向现代委任制中的荐举（民主推荐）委任拓展，然后进一步向考选

（竞争性选拔）委任拓展。因此，根据我国领导干部选拔任用制度的改革实践，委任制又可分为直接委任制、考察委任制、荐举委任制和考选委任制四种。《党政领导干部选拔任用工作条例》1995年版之前主要实行直接委任制和考察委任制，尽管民主推荐和考试测评自改革开放初期就已有破冰与试验、试行之举；1995年版正式向荐举委任制拓展，同时在民主推荐中孕育竞争性选拔[①]；2002年版新增公开选拔和竞争上岗章节正式向考选委任制即竞争性选拔制拓展。

由于竞争性选拔系统的程序构成包括了动议、发布公告、公开报名、资格审查、履历评价、民主推荐、测试、考察、公示、任用等环节，由此可见，竞争性选拔既属于委任制系统中的一个新种类，又包含了委任制系统中的所有委任形式——荐举委任、考察委任、任命任用（直接委任）。竞争性选拔制是委任制的全息缩影版。因此，委任制制度性风险或竞争性选拔制度性风险又可分为直接委任制风险、考察委任制风险、荐举委任制风险和考选委任制风险四种风险（见表3—2）。

表3—2　　　　委任制类型与竞争性选拔风险类型

	暂行条例前		1995年版暂行条例			2002年版条例				2014年版条例			
委任制类型	A	B	A	B	C	A	B	C	D	A	B	C	D
竞争性选拔风险类型	0-A	0-B	1-A	1-B	1-C	2-A	2-B	2-C	2-D	3-A	3-B	3-C	3-D
备注	A—直接委任制（风险R_A）；B—考察委任制（风险R_B）； C—荐举委任制（风险R_C）；D—考选委任制（风险R_D） 0—《暂行条例》前风险；1—1995年版《暂行条例》风险； 2—2002年版《条例》风险；3—2014年版《条例》风险												

[①] 1995年版《干部任用暂行条例》第三章民主推荐第十五条规定：推荐党委、政府及其工作部门某些领导成员人选，还可以采取组织推荐、群众推荐、个人自荐和考试、考核相结合的办法。

(一) 直接委任卖官鬻爵风险

直接委任制风险主要是指直接任命中的卖官鬻爵、任人唯亲和"孙阳—伯乐、伯乐相马、伯乐不常有"等风险。任人唯亲与任人唯贤相对立；千里马常在伯乐不常有是直接委任中的常见风险；直接委任的最大可能性危害是卖官鬻爵风险。由于"官选官，大官选小官，一把手在提名、选人的过程中作用过于强势"①，直接委任中的卖官鬻爵风险早已延伸至考察委任、荐举委任、考选委任之中。如数年前震惊中国的茂名腐败窝案，同时向原书记和市长行贿"买官"的共有14人，买官资金除逐级行贿受贿外，还有当地富商扮演"金主"，提供资金支持②。近年来中央巡视组发现，国有企业在选人用人上，任人唯亲，搞小圈子，搞远近亲疏，团团伙伙③。2014年中央巡视组第二轮巡视涉及的10多个省（自治区、直辖市）和部门或单位通报了整改情况。从各省区的通报来看，"选人用人"上依然显现出严重的问题。尤其是领导干部在提拔用人上，存在不少违规违纪的情况。例如，在提名上，领导干部对身边工作人员的违规提拔任用、对干部子女的破格提拔等问题长期存在④。中央巡视组公布2014年三季度13份"整改清单"，剑指买官卖官等6个腐败顽疾⑤。十八届中央纪委第五次全会工作报告指出，2014年中央巡视组继续发挥"利剑"作用，巡视强度力度提升，紧扣"四个着力"，加强对落实"两个责任"、政治纪律和组

---

① 高四维：《预防用人腐败，改革提名权是关键》，《中国青年报》2015年2月1日第2版（http://news.sina.com.cn/o/2015-02-01/035931467223.shtml）。
② 王婧：《再探茂名窝案：原书记与市长携手卖官》（http://china.caixin.com/2015-01-27/100779039_all.html）。
③ 许晟：《国有企业"腐败高发区"在哪里？》，《经济参考报》2015年2月12日（http://www.chinanews.com/gn/2015/02-12/7056520.shtml）。
④ 高四维：《预防用人腐败，改革提名权是关键》，《中国青年报》2015年2月1日第2版（http://news.sina.com.cn/o/2015-02-01/035931467223.shtml）。
⑤ 张晓松：《中央巡视组公布13份"整改清单"剑指6个腐败顽疾》（http://news.china.com.cn/live/2015-02/01/content_31155565.htm）。

织纪律执行情况的监督检查，包括着力发现违规用人、拉票贿选、买官卖官、超编制配备干部等问题，效果显著；2015年主要任务之一，将持续保持高压态势，坚决遏制腐败蔓延势头，突出纪律审查重点，包括重点查办发生在领导机关和重要岗位领导干部中买官卖官案件①。

（二）考察委任失真失实风险

考察委任制风险主要是指考察中的失察失当、失真失实、唯GDP取人等风险。把人考准考实，是一个古老的难题。近年来考察走过场、失真失实，干部"带病提拔"、"带病上岗"的问题时有发生。考察风险主要表现为组织考察后由考察小组形成的被考察人考察报告可能失真失实，被考察人考察报告未能全面准确描述被考察人在德、能、勤、绩、廉等方面的真实原貌。竞争性选拔中异地考察的失真失实风险则更为严重。组织考察一般主要通过民主测评和组织谈话等方式进行。考察失真失实风险即被考察人考察报告风险，常见的具体形式主要表现在以下五个方面：一是考"德"公式化。描述概念化、千篇一律、千人一面，"粗看谁都像，细看不知谁"。二是考"能"一般化。表述笼统、抽象，缺乏针对性，不注重实证，对潜能、拟任职位所需能力考察不足。三是考"勤"简单化。甚至仅用下基层时间、撰写调研材料数量衡量其工作作风，对一贯风格和行为模式描述不足。四是考"绩"GDP化。重经济，轻党建；重显绩，轻潜绩；重局部，轻全局；重近期，轻长远；重结果，轻因果；重数量，轻质量；"重GDP，轻PM2.5"。五是考"廉"表面化。重八小时内，轻八小时外；其结论常常表述为"未发现"、"没听说"有不廉洁行为，甚至表述为"考察期

---

① 王岐山：《依法治国，依规治党，坚定不移推进党风廉政建设和反腐败斗争——在中国共产党第十八届中央纪律检查委员会第五次全体会议上的工作报告》（2015年1月12日）。

间没有不廉洁的问题反映"等①。

（三）荐举委任拉票贿选风险

荐举委任制风险主要是指民主推荐民主测评中的唯票取人、拉票贿选等风险。近年，民主推荐、民主测评的负面效应风险越来越突出，荐举委任风险突出表现为：一是一些党组织不敢担当、被票绑架，将推荐票作为选举票，简单以票取人；二是参加推荐的人不是出于公心而是心态复杂，投"利益票"、"感情票"、"跟风票"；三是信息不对称，参加推荐的人对被推荐人不甚了解；四是唯票取人致使拉票者得利、"老好人"得利、坚持原则者吃亏，致使一些干部因为怕丢票当"老好人"、不敢担当，甚至拉票贿选；五是拉票贿选，惩治不力、屡禁不止。对湖南衡阳发生的以贿赂手段破坏选举案件严肃问责，给予党纪政纪处分467人，移送司法机关处理69人②。反映出拉票贿选风险的严重性。因此，"要完善工作机制，推进干部工作公开，坚决制止简单以票取人的做法，确保民主推荐、民主测评风清气正"③。让领导人选不再为票纠结。

（四）考选委任高分低能风险

考选委任制风险主要是指考试测评中的舞弊、信度效度及高分低能、唯分取人等风险。考选委任制风险突出表现为：一是"逢提必竞"、"凡竞必考"，过多过滥；二是以考定人，"一考定音"，"一张卷子论英雄，一场面试定终身"，唯分取人；三是重知识轻能力，"高分低能"；四是"考试导向"冲击"干事导向"，造就了一批"考试专业户"；五是考试机构、考试专家缺乏资格认定、缺乏资质，考试测评方法简单、不科学；六是最为严重的舞弊行

---

① 贾科：《领导干部考察失真研究》，《战略与管理》2004年第3期，第101—112页。
② 王岐山：《依法治国，依规治党，坚定不移推进党风廉政建设和反腐败斗争——在中国共产党第十八届中央纪律检查委员会第五次全体会议上的工作报告》（2015年1月12日）。
③ 中共中央宣传部：《习近平总书记系列重要讲话读本》，学习出版社、人民出版社2014年版，第164页。

为。有专家通过经验观察发现,"一种极端的伎俩就是:安排自己中意的候选人去参加统一考试(笔试、面试),把考题泄露出去,做面试考官的工作,让其过关。……这并非恶意的假设,类似情形已在一些地方出现并继续着"①。

竞争性选拔考试测评的首要环节是评估与确认考评机构的资质和考试测评专家的资质。否则,考试测评的"合法性"就值得怀疑,考试测评的质量也无法保证。领导人选参与者和公众对竞争性选拔主体缺乏信任,一个极为重要的原因就是对考评机构和考评专家的质疑。目前的做法常常只是在命题、评卷、面试之前几分钟,"临阵磨枪",对考官作简短培训,其"资质"可想而知。考官中的教授则主要依据自己的教授经验、考学生的经验去考领导人选,知识试题、学术试题,不得不让人置疑优质领导人选的高分低能。

考试测评的实施,需根据《党政领导干部公开选拔和竞争上岗考试大纲》、《关于进一步加强全国领导干部选拔考试通用题库建设的意见》、《党政领导干部公开选拔和竞争上岗考试测评工作指导手册》等规制文件的要求实施。但现实中的一些考评机构、考评专家对这些规制性文件却知之甚少,甚至不知其为何物。如此命制的试题内容往往是偏知识重记忆,强化基本理论弱化分析解决问题的能力,不得不让人质疑优质领导人选的高分低能。

因此,在笔试和面试的信度效度方面,时常出现重基础知识轻能力素质、重客观内容轻主观内容、重全国性普遍问题轻选拔单位所在的区域性、具体性问题的情形,导致竞争性选拔出现高分低能现象,也容易让"考试专业户"钻空子。《党建,不能不讲科学》一文就曾直言:"选人用人的公信度不高,有不少通过公开选拔、竞争上岗等措施选拔出来的干部高分低能。"② 确保领导干部竞争

---

① 王春:《买官卖官现象调查:趋利性成内在动力》,《廉政瞭望》2010年第7期,第19—20页(http://news.jcrb.com/jxsw/201006/t20100630_380402_1.html)。

② 江金权:《党建,不能不讲科学》,《北京日报》2010年6月28日。

性选拔公信度的"信",就要以《党政领导干部公开选拔和竞争上岗考试大纲》为依据,使考试测评的内容能够尽可能地测出领导人选参与者的领导才能,使考试测评的题型更能测量领导人选参与者的能力素质和实际经验,使评分参考答案更能契合选拔职位的任职要求①。因此,要科学设置资格条件和考试方法,让干得好的才能考得好,考出干部真水平、真本事。让领导人选不再为分数纠结。

三 四类制度性风险关系

（一）风险类型包含关系

由于传统委任制正向现代委任制拓展,因此制度性风险又可分为直接委任制风险（R_A）、考察委任制风险（R_B）、荐举委任制风险（R_C）和考选委任制风险（R_D）四类风险。由于老的委任制形式及其风险并没有被新的委任制形式及其风险所替代,因此新老委任制形式及其风险就形成了一种包含关系。即：R_A类风险主要包括任人唯亲和卖官鬻爵等风险；R_B类风险主要包括R_A风险和考察中的失察失当、失真失实、唯GDP取人等风险；R_C类风险主要包括R_A风险、R_B风险和民主推荐民意测评中的唯票取人、拉票贿选等风险；而R_D类风险则主要包括R_A风险、R_B风险、R_C风险和考试测评中的舞弊、信度效度及高分低能、唯分取人等风险。这四类制度性风险的包含关系如图3—2所示。

（二）风险数量递增关系

由于风险类型的包含关系,形成了风险种类和风险数量的递增关系,即$R_A = \{a\}$，$R_B = \{a+b\}$，$R_C = \{a+b+c\}$，$R_D = \{a+b+c+d\}$，从A到B到C再到D,其风险种类逐步增多、风

---

① 李民昌：《提高领导干部竞争性选拔公信度的路径探析》,《领导科学》2010年第9期（中）,第6—8页。

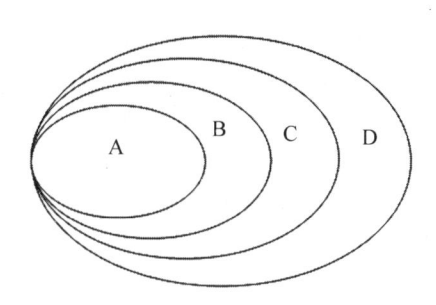

A 直接委任制； B 考察委任制； C 荐举委任制；D 考选委任制

图 3—2　四类制度性风险的包含关系示意图

险数量逐步增大。

（三）风险规制关系

自改革开放以来，在竞争性选拔甚至更为广泛的领导干部选拔任用问题上时常出现貌似林林总总的争论与争议，实则可概括为是一种深切关注领导干部选拔任用问题的"风险话语"体系，认为领导干部选拔任用尤其是竞争性选拔隐含了一种风险，这个问题也作为社会整体一部分清晰地出现在国人面前。据笔者的经验观察和理性反思，发现这些话语中有一个主题转换：从直接委任、考察委任问题到荐举（民主推荐）委任问题再转向考选（竞争性选拔）委任问题——尽管老的问题并没有被新的问题所替代；从委任模式、主要议题、争论内容、参与者、专家/公众作用以及风险规制方式的结构性分析来看，领导干部选拔任用风险话语从 20 世纪 80 年代始至今日可分为以下四个阶段。

第一阶段是 20 世纪 80 年代，主要议题是直接委任、考察委任风险及其规制问题，争论的内容主要是任人唯亲、任命失察与风险，参与者主要是规制者，专家、公众的作用从被排斥在外到逐步引入，运用考察委任、试用荐举委任规制直接委任。

第二阶段是 1995 年版《党政领导干部选拔任用工作条例》颁布前后，主要议题是考察委任及其规制问题，争论的内容主要是考察中的失真失实与风险，参与者主要是规制者和专家，公众开始关注风险，运用荐举委任、试用考选委任规制直接委任、考察委任。

第三阶段是 2002 年版《党政领导干部选拔任用工作条例》颁布前后，主要议题是荐举委任及其规制问题，争论的内容主要是考察中的唯 GDP 取人和民主推荐与民主测评中的唯票取人、拉票贿选与风险，参与者主要是规制者和专家学者，公众大规模参与，运用考选委任规制直接委任、考察委任、荐举委任。

第四阶段是 2014 年版《党政领导干部选拔任用工作条例》颁布前后至今，关注的主题是考选委任及其规制问题，争论的主要内容是考试测评中的信度效度、考试舞弊、高分低能、唯分取人以及唯 GDP、唯票、唯年龄取人与风险，参与者主要是规制者和专家学者，网民广泛参与并多方质疑，焦点是竞争性选拔的现代性反思，组织集体责任成为关键词，已开始运用 2014 年版《党政领导干部选拔任用工作条例》规制直接委任、考察委任、荐举委任和考选委任。

（四）风险程度递减关系

从 A 到 B 到 C 再到 D，虽其风险种类逐步增多、风险数量逐步增大，但从 D 到 C 到 B 再到 A，（1）20 世纪 80 年代，主要运用 B、试用 C 规制 A 风险，（2）1995 年版《党政领导干部选拔任用工作条例》颁布前后，主要运用 C、试用 D 规制 A、B 风险，（3）2002 年版《党政领导干部选拔任用工作条例》颁布前后，主要运用 D 规制 A、B、C 风险，（4）2014 年版《党政领导干部选拔任用工作条例》颁布前后至今，主要运用 2014 年版《党政领导干部选拔任用工作条例》、党纪国法、风险管理和竞争性选拔规制理论与方法 F 规制 A、B、C、D 风险，因此其风险度 R 则将逐步减小，即 $R_A = \{a\}$，$R_B = \{b-a\}$，$R_C = \{c-b-a\}$，$R_D = \{d-$

c－b－a}，R = {f－d－c－b－a}。因此，选人用人公信度将逐步提高。这四类制度性风险的规制关系如图3—3所示。

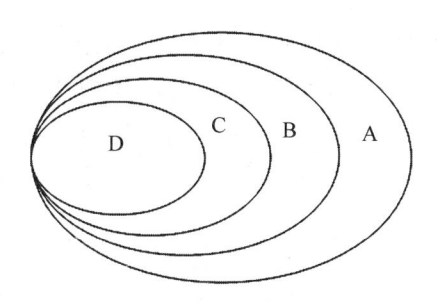

A 直接委任制； B 考察委任制； C 荐举委任制； D 考选委任制

图3—3　四类制度性风险的规制关系示意图

第四节　规制体系中的风险因素

由于目前所处的领导干部人事制度改革发展阶段，正处于传统委任制与现代委任制的磨合期，从传统委任制向现代委任制拓展的历史进程来看，在这一拓展实验阶段的磨合期，将不可避免地出现大量的考察委任、荐举委任、考选委任等各种选拔风险现象。竞争性选拔规制体系中的风险因素同样也是产生大量选拔风险的主因。这些风险因素主要包括机制性障碍、立法的公开性/参与性不足、机构的独立性/专业性不强、委托代理间的机会主义、忽视规制对象的权益等。

一　机制性障碍

竞争性选拔规制目的是为了弥补/纠正选拔失灵、控制选拔风险，其规制的存在以竞争性选拔制的存在为基础，其规制体系的建立及其作用的发挥与竞争性选拔制的发育完善程度直接相关。经过30多年的改革开放，竞争性选拔制的初步框架已基本建成，但竞争性选拔制（考选委任制）与荐举委任制、考察委任制、直接委任制的磨合还在继续，机制性障碍风险依然存在。机制性障碍风险主要表现为以下四个方面的相对滞后。

一是对竞争性选拔方式推行制度的有序性安排相对滞后。竞争性选拔方式推行的紊乱、忽冷忽热，时而热衷追捧、泛用滥用，时而困顿疑惑、冷漠阻碍，阻碍了竞争基础的确立和竞争性选拔方式的推行。

二是党委组织人事系统对竞争性选拔制的适应性建构相对滞后。由于适应性建构严重滞后，致使地方基层组织建立和实施竞争性选拔及其规制的激励不足，在竞争性选拔中的越位、错位、不到位现象得不到根本解决。

三是竞争性选拔考评机构建设相对滞后。领导干部考评机构建设相对滞后主要表现在两个方面：首先是领导干部竞争性选拔考评机构尚未设立或设立后再撤销，规制机制链缺失；其次是领导干部竞争性选拔考评机构和组织人事部门之间还存在着"父子"关系，甚至就是"连体"关系、"同体"关系，决策不能自主，发展动力不足。领导干部考评机构建设相对滞后，影响了领导干部竞争性选拔规制体系的建立及其机制的良性运行。

四是领导人选诚信体系建设相对滞后。由于领导人选诚信制度的缺失，部分领导人选诚信缺失现象较严重，制约了竞争性选拔机制在领导职位及其人选资源配置中发挥基础性作用。

二　立法的公开性/参与性不足

竞争性选拔规制实施的基本前提是规制立法先行。领导干部竞争性选拔党纪国法规制体系包括立法机构颁布的法律，中央颁布的章程、条例、规定，中组部及各级党委制定颁发的规章、办法，以及竞争性选拔方案等。30多年来，已经建立起了比较齐全的领导干部竞争性选拔党内法规①和规范性文件②规制体系，为领导干部竞争性选拔规制提供了基本原则和框架，构成了实施领导干部竞争性选拔规制的依据。但目前在领导干部竞争性选拔规制立法领域中还存在一些风险，主要表现为：规制立法过程的公开性和公众参与性不足。

立法性文件的公开和立法程序、会议的公开是公开立法制度的两个重要组成部分。立法性文件公开的最基本要求是对已成文的正式法律文本公开。《中国共产党党内法规制定条例》第二十三条，对经审议批准的党内法规草案的发布程序、发布形式等作了明确规定。因此，在立法性文件的公开方面，已基本实现制度化。而有关立法程序和会议的公开，《中国共产党党内法规制定条例》第十六条，对起草党内法规的程序作了规定，而且这些规定在立法实践中也已出现了一些有益的尝试，但立法会议的公开，尚无规定。

关于公众参与立法，《中国共产党党内法规制定条例》第十九条规定："党内法规草案形成后，应当广泛征求意见。征求意见可以采取书面形式，也可以采取座谈会、论证会、网上征询等形式。"规定虽比较明确，但操作性还不够强。以竞争性选拔规制体系中的具体"法规"——领导干部竞争性选拔工作方案为例，由于公众和领导人选参与者的参与性明显不足，带来了诸多风险隐

---

① 《中国共产党党内法规制定条例》第四条规定：党内法规的名称为党章、准则、条例、规则、规定、办法、细则。党章对党的性质和宗旨、路线和纲领、指导思想和奋斗目标、组织原则和组织机构、党员义务和权利以及党的纪律等作出根本规定。准则对全党政治生活、组织生活和全体党员行为作出基本规定。条例对党的某一领域重要关系或者某一方面重要工作作出全面规定。规则、规定、办法、细则对党的某一方面重要工作或者事项作出具体规定。中央纪律检查委员会、中央各部门和省、自治区、直辖市党委制定的党内法规，称为规则、规定、办法、细则。

② 《中国共产党党内法规和规范性文件备案规定》第二条规定：本规定所称规范性文件，是指中央纪律检查委员会、中央各部门和省、自治区、直辖市党委在履行职责过程中形成的具有普遍约束力、可以反复适用的决议、决定、意见、通知等文件，包括贯彻执行中央决策部署、指导推动经济社会发展、涉及人民群众切身利益、加强和改进党的建设等方面的重要文件。

患。主要体现在：（1）由于选拔工作方案要不要、应不应当、必不必须征求意见的规定不甚明确，在实际的"广泛征求意见"的过程中，随意性就比较大，其结果往往是忽视公众和领导人选参与者的参与性。（2）公众参与立法的过程本是克服信息不对称的重要途径，书面形式、座谈会、论证会、网上征询等本是公众参与的主要形式，是收集有关信息的一种重要手段。但由于征求意见的各种形式——书面、座谈会、论证会、网上征询等形式的程序规则不甚明确，在实际的"广泛征求意见"的过程中，随意性也比较大，"范围"随意、以"托"为主，"座谈"随意、时间极短，"论证"随意、灰色透明、"毛玻璃"透明。因此，"广泛征求意见"常常被贬为使用"安民告示"掩护"黑箱操作"，其结果加重了信息不对称，增加了服从成本，加剧了自由裁量权的滥用，损害了公众和领导人选参与者的权利。

三　机构的独立性/专业性不强

领导干部竞争性选拔规制机构风险主要表现在两方面：

首先，规制机构的独立性不强。据本书作者体制内经验观察、深度访谈和内部相关资料整理，全国领导干部竞争性选拔治理机构的机构类型/单位性质如表3—3所示。目前承担领导干部竞争性选拔规制职能的机构主要有三大类：一是组织部门内设的与传统委任制相适应的相关机构，如由传统部门的某处室"兼职"承担竞争性选拔规制职能；二是组织部门新设立的介于部门与处室之间的公选办（领导干部公开选拔工作领导小组办公室），直接承担竞争性选拔规制的部分职能，部分职能交由传统部门的某些处室"兼职"承担；三是组织部门新设立的专业性规制机构（下属事业单位），专门承担竞争性选拔及其规制职能尤其是考试测评及其规制职能，如中共中央组织部领导干部考试与测评中心等。这三类规制机构都存在独立性不强的风险，只是风险程度不同而已，一般来说第三类规制机构独立性不强的风险相对较小，但风险隐患仍然较大。

表3—3 竞争性选拔规制机构类型/性质分布情况（数据截至2010年） （%）

	传统机构	新设机构	
机构类型（比重）	内设（70.8）	下设（27.1）	外设（2.1）
单位性质（比重）	机关（66.7）	事业参公（4.2）事业（29.1）	
人员（动机）	从政人员（晋升）	职业人员（从业）	专业人员（事业）

以某地方党委的领导干部考试测评中心为例。组织部门是规制者，考试测评中心是被规制者，考试测评中心的直接上峰是组织部，二者之间是一种"父子"关系，显而易见，存在规制独立性不强的风险。考试测评机构作为专业性规制机构，又存在人事任免、经费来源不独立的风险。考试测评机构在业务上须接受上级党委组织部考评职能部门指导，但在人事任免和行政经费上又归地方党委组织部规制。考试测评机构在人事任免、经费预算的压力下，可能影响专业性决策的中立性；而在"卖官鬻爵"驱使下，有时为了配合追求某些片面需求的地方基层党委，可能对领导干部竞争性选拔及其规制中的违规甚至违法行为睁一只眼、闭一只眼，更有甚者充当违规违法行为的保护伞。也正因为如此，人们常常看到的是，领导干部竞争性选拔及其规制中的问题和风险，大都出现在地方基层。

其次，规制机构的专业性不强，少职业人员缺专业人员。在目前已设立的领导干部竞争性选拔规制机构（考试测评机构）中，根据工作动机的不同，可以将其工作人员大致分为三类（参见表3—3）：第一类是从政人员。从政人员将竞争性选拔规制机构作为个人政治进步的台阶之一，祈望快晋升速离开竞争性选拔规制机构。第二类是职业人员。职业人员将竞争性选拔规制机构作为自己的长期从业机构，期望竞争性选拔规制机构能够持续发展并长久存在而不被撤销。第三类是专业人员。专业人员因拥有竞争性选拔所需的专业知识和特定技能，将竞争性选拔规制机构作为促进竞争性选拔事业发展的基地，追求的是在专业上被尊重。不同的工作动机不仅在很大程度上决定了不同的工作动力，而且是观察或衡量领导干部竞争性选拔规制机构专业性程度的重要参考系数。

领导干部竞争性选拔规制机构的机构类型、单位性质及其组成人员类别的分布情况如表3—3所示。不同类型、不同性质的机构分布状况（比重）决定了三类不同人员的分布状况：从政人员较多，职业人员较少，专业人员稀缺（仅占2.1%；据笔者经验观察估计，事业单位中专业人员极少）。而职业人员较少、专业人员稀缺则增大了领导干部竞争性选拔考试测评风险及其规制风险。

四 委托代理间的机会主义行为

在立法者、规制者、被规制者之间存在着委托代理关系，一般有五个层次：公众（选民）—人大（立法者）—高层政府管制机构（制定管制政策）—基层管制机构（执行政策）—被规制者（企业）[①]。

竞争性选拔规制立法者、规制者和被规制者之间的委托代理关系如图3—4所示。

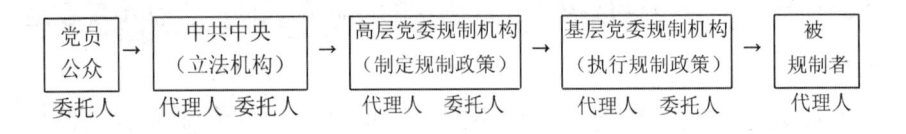

```
党员公众 → 中共中央      → 高层党委规制机构  → 基层党委规制机构  → 被
         （立法机构）      （制定规制政策）    （执行规制政策）     规制者
委托人   代理人 委托人     代理人 委托人      代理人 委托人       代理人
```

图3—4 竞争性选拔规制委托代理模型

图3—4表明，竞争性选拔规制过程的五个层面构成了四个层次的委托代理关系。

---

① 苏晓红：《我国的社会性管制研究》，华中科技大学博士学位论文，2008年。

五个层面分别是：党员/公众（领导人选）—中共中央（立法机构）—高层党委规制机构（制定规制政策）—基层党委规制机构（执行规制政策）—被规制者（选拔考试测评机构、专家集团、领导人选）。

第一层次委托代理关系中的委托人是公众，代理人是中共中央。党员/公众（包括领导人选）将维护自己利益的权利委托给通过选举产生的党代表，期盼中共中央通过制定党内法规草案规制领导干部竞争性选拔。

第二层次委托代理关系中的委托人是立法机构，代理人是规制机构。作为立法机构的中共中央必须把制定的领导干部竞争性选拔法规委托给党委规制机构去执行。

第三层次委托代理关系中的委托人是高层规制机构，代理人是规制执行者。高层党委规制机构的权力，需要通过各层级基层党委机构具体执行。

第四层次委托代理关系中的委托人是规制机构，代理人是被规制者。党委规制机构受中共中央的委托，制定领导干部竞争性选拔考试测评机构的准入、领导干部竞争性选拔的程序等标准，要求被规制者执行。

其中，作为立法者的中共中央和作为规制者的各层级党委规制机构，既是代理人又是委托人，在领导干部竞争性选拔委托代理关系中扮演着双重角色。

在竞争性选拔规制委托代理的四个层次中，由于目标函数各异、信息不对称，必然产生规制者的道德风险。由于党代表不一定以党员/公众（领导人选）追求的公开公平公正等目标为己任、规制机构并非追求公共利益最大化、基层规制机构追求自由裁量权、被规制者追求自身利益最大化，又由于代理人处于信息优势，因此，领导干部竞争性选拔中的机会主义行为在所难免。

竞争性选拔规制委托代理间的机会主义行为主要表现在两个

方面：

一是规制者利用自由裁量权进行政治创租与抽租①，被规制者通过寻租②俘获规制者。规制者与被规制者之间的这种"心领神会"、"达成默契"，导致卖官鬻爵。

二是委托人疏于监督，偷懒③。党员/公众（领导人选）希望搭便车；立法者除了公众的要求外还要有更全面更长远的考虑；规制者可能放松规制甚至合谋，卖官鬻爵。

五　忽视规制对象的权益

竞争性选拔规制的对象是选拔机构和考试测评机构等，也包括用人单位和领导人选（同时又是竞争性选拔规制的受益者）。竞争性选拔规制的有效性和竞争性选拔规制的过程密切相关。竞争性选拔规制的过程包括规制立法、规制实施和规制解除三个阶段。从规制的立法、规制的实施到规制的解除，选拔机构、考试测评机构和用人单位、领导人选都参与其中。正如史普博认为管制是"消费者、企业和管制机构互相结盟并讨价还价的过程"④。因此为使讨价还价的结果均衡、有效，就必须有相互独立又能够相互制约的行为主体。包括独立的选拔机构和考试测评机构等。如果博弈力量对比失衡，结果就可能有失公允，甚至偏离竞争性选拔规制是为实现公共利益

---

① 政治创租是指官员以对某些利益集团有利的规制政策为诱饵，引诱利益集团向规制者行贿，在这一点上官员就是出卖政府政策的企业家；政治抽租是指官员以对某些利益集团不利的规制政策相威胁，迫使这些利益集团拱手向官员让渡部分利润。

② 寻租是指被规制者利用收买、行贿等各种手段极力影响规制者，以得到于己有利的规制政策。

③ 委托代理理论研究的是在信息不对称的环境下，委托人如何设计有效的激励约束机制，使代理人努力工作以实现委托人的利益最大化。在委托代理制度下，由于激励不相容、信息不对称、合约不完全，代理人会利用自己的信息优势谋取私利，损害委托人的利益；委托人为了自己的利益，必须对代理人进行激励约束，避免代理人的"偷懒"和机会主义行为。在标准的委托代理模型中，由于委托人就是所有者，所以不存在委托人的"偷懒"问题（疏于监督）。

④ [美] 丹尼尔·F. 史普博：《管制与市场》，余晖等译，上海人民出版社1999年版。

的目标。从竞争性选拔规制均衡的角度看，选拔机构和考试测评机构等独立主体地位的确立至关重要，没有独立的选拔机构和考试测评机构等主体对竞争性选拔规制权力的制约，规制准则的制定将完全被"垄断"，竞争性选拔规制的行为也会走样变形。用人单位和领导人选是防止选拔机构和考试测评机构合谋共同侵害自己利益的不可缺少的力量，是竞争性选拔规制过程中不可或缺的重要角色。

目前在传统委任制向荐举委任制拓展进而向考选委任制拓展的进程中，考试测评机构远远还没有真正成为独立的考试测评机构，缺乏主动承担包括考试测评信度效度责任、选人用人公信度责任等在内的社会政治责任的意识和行为。党委组织规制部门和垄断考试测评机构之间还存在着千丝万缕的联系，甚至就是"连体"关系、"同体"关系；另外用人单位和领导人选无法与"连体"或"同体"集团相"抗衡"。在传统委任制下，用人单位和领导人选及其利益被完全忽视。随着传统委任制向荐举委任制、进而向考选委任制拓展，用人单位和领导人选的意识在觉醒，党委在领导干部竞争性选拔规制过程中也开始关注用人单位和领导人选的声音。但分散的领导人选所起的作用十分有限，在这种情况下，选拔职位、选拔程序、选拔方法、标准制定、选拔方案等一系列规制措施的出台就不可能对用人单位和领导人选的要求给予足够的重视。这类似于"在中国政府管制制度的均衡中，消费者的地位基本上可以忽略不计，他们就像奥尔森[①]所称的被人遗忘的、忍气吞声的集团"[②]。这就为"连体"或"同体"集团忽视，甚至损害危害用人单位和领导人选利益提供了可能。

[①] 曼瑟尔·奥尔森（Mancur Lloyd Olson，Jr，1932—1998.2.19），美国经济学家和社会学家。奥尔森的名著《集体行动的逻辑》目前有超过十种语言的译本，1993年获美国管理学会颁发的"最持久贡献著作奖"，1995年获得美国政治学会颁发的"里昂·爱泼斯坦奖"。

[②] 陈富良：《利益集团博弈与管制均衡》，《当代财经》2004年第1期，第22页。

第五节　规制方式中的风险点

规制方式是影响规制效果和效率的重要因素，科学的规制方式可以提高规制的效率。竞争性选拔规制方式主要有自我规制和公共规制两大类。自我规制主要包括程序性规制（过程规制、程序规制）和实体性规制（工作指令、操作准则）两类。公共规制主要包括社会性规制（信息规制、标准规制）和经济性规制（激励规制、威慑规制）两类。从种类上看，规制方式比较齐全，但各种规制方式在实施中都还存在着一些风险因素或风险点。

一　程序性规制中的职位规制/效度评估

第一，职位规制越位与缺位并存。领导干部竞争性选拔职位的相关规定详见表3—4。

表3—4　　　　　　　竞争性选拔职位的相关规定

名称	条款	内容
中华人民共和国公务员法（2006年1月1日）	第七章职务升降第四十五条	机关内设机构厅局级正职以下领导职务出现空缺时，可竞争上岗；厅局级正职以下领导职务或者副调研员以上及其他相当职务层次的非领导职务出现空缺时，可公开选拔
党政领导干部选拔任用工作条例（2002年7月9日）	第九章公开选拔和竞争上岗第四十九条	主要适用于选拔任用地方党委、政府工作部门的领导成员或者其人选，党政机关内设机构的领导成员或者其人选，以及其他适于公开选拔、竞争上岗的领导职务
党政领导干部选拔任用工作条例（2014年1月14日）	第九章公开选拔和竞争上岗第五十条	应当从实际出发，合理确定选拔职位、数量和范围。一般情况下，领导职位出现空缺且本地区本部门没有合适人选的，特别是需要补充紧缺专业人才的，可以进行公开选拔；领导职位出现空缺，本单位本系统符合资格条件人数较多且人选意见不易集中的，可以进行竞争上岗。公开选拔县处级以下领导干部，一般不跨省（自治区、直辖市）进行

续表

名称	条款	内容
公开选拔党政领导干部工作暂行规定（2004年4月8日·中办发〔2004〕13号）	第一章总则第四条	适用于选拔地方党委、人大常委会、政府、政协、纪委工作部门或者工作机构的领导成员或者其人选，以及其他适于公开选拔的领导成员或者其人选。涉及国家安全、重要机密等特殊职位，不宜进行公开选拔
党政机关竞争上岗工作暂行规定（2004年4月8日·中办发〔2004〕13号）	第一章总则第二条	主要适用于选拔任用中央、国家机关内设的司局级、处级机构领导成员，县级以上地方各级党委、人大常委会、政府、政协、纪委、人民法院、人民检察院机关或者工作部门的内设机构领导成员。涉及重要机密和国家安全的职位，按照法律、法规不宜公开竞争的职位，不列入竞争上岗的范围
2010—2020年深化干部人事制度改革规划纲要		要加大竞争性选拔力度，到2015年，新提拔厅局级以下委任制党政领导干部中，通过竞争性选拔方式产生的，不少于三分之一

表3—4表明，领导干部竞争性选拔职位规制越位主要表现在两方面。一是职位类型越位。竞争性选拔职位扩大到了人大、政协、两院等选举职位和任命职位，造成选举职位、任命职位与选拔职位相混淆，造成错位，影响效率。二是职位数量越位。《2010—2020年深化干部人事制度改革规划纲要》明确要求要加大竞争性选拔力度，新提拔厅局级以下委任制党政领导干部中，通过竞争性选拔方式产生的，2015年不少于三分之一。实践表明，确定选拔比例不少于三分之一的指标缺乏理论依据和实践依据。

在职位规制越位的同时又表现出严重的职位规制缺位现象，也主要表现在两方面。一是职位分类缺位。由于目前还没有针对领导职位进行统一的职位分类管理，所以更容易越位，因此，领导职位分类缺位是选拔职位越位的根源之一。二是职位分析缺位。《党政领导干部选拔任用工作条例》未将职位分析列入选拔工作程序，《公开选拔党政领导干部工作暂行规定》只规定职位分析只是命题组的主要职责，规定命题前应当进行职位分析，增强命题的针对性。《党政机关竞争上岗工作暂行规定》未提及职位分析。尽管在

《党政领导干部公开选拔和竞争上岗考试测评工作指导手册》中规定了命题组的主要职责包括负责开展职位分析，而且分析了职位分析的主要作用，并且强调了职位分析报告除了主要用于命题外，还要为确定职位报名资格条件和后期考察提供参考依据，但由于《党政领导干部公开选拔和竞争上岗考试测评工作指导手册》的法规"位阶"不够高、"刚性"不够强，致使在实际的领导干部竞争性选拔工作中，职位分析常常缺位，未能发挥考试测评设计、职位分析的应有作用：一是明确选拔职位人选所需的能力素质和个性特征要求；二是建立选拔职位的能力素质模型；三是为考试测评命题设计提供基本依据；四是为干部考察工作提供参考依据[①]。领导干部竞争性选拔考试测评实践证明，职位分析不仅是命题组的主要职责，更应该是规制机构的主要职责。从程序上来讲，考试测评设计、职位分析应该位列领导干部竞争性选拔程序之首。

第二，职位确定与资格准入的随意性。职位确定与资格准入关系到领导干部竞争性选拔范围、标准、目的等指向维度的确定，意义重大却常被忽视。首先，职位类型、范围的界定随意、缺乏科学性。职位确定的随意性极易导致"报名荒"等资源配置不均问题。例如，2008年湖南湘潭市面向全市公开选拔8个职位，结果4个职位因报考人数达不到开考要求而被迫停考，究其原因就是选拔范围过窄。其次，资格准入绝对化、片面化，缺乏合理性。有的地方对报考者的年龄、学历等自然条件，一是要求过高；二是"一刀切"。尤其是，片面夸大年轻化、知识化，把年龄等自然条件作为资格准入的主要标准，将实践经验丰富但学历低的实干型领导人选排除在外，有悖于选贤任能的公选初衷，客观上造成了新的"机会不平等"[②]。

[①] 中共中央组织部领导干部考试与测评中心：《党政领导干部公开选拔和竞争上岗考试测评工作指导手册》，党建读物出版社2010年版，第150页。

[②] 梁丽芝、韦朝毅：《我国公开选拔领导干部制度的发展与完善》，《湘潭大学学报（哲学社会科学版）》2010年第34卷第1期，第5—9页。

第三，考试测评信度效度检验评估缺失。《关于进一步加强全国领导干部选拔考试通用题库建设的意见》指出：建立健全全国通用题库试题质量评估体系，加强对考试测评结果的跟踪分析，不断提高通用试题的信度和效度。《党政领导干部公开选拔和竞争上岗考试测评工作指导手册》要求：为客观评估领导干部公开选拔考试工作的效果，研究分析试题的各项技术参数，提高公开选拔考试工作的科学化水平，应对已完成的公开选拔考试进行问卷调查。在笔试结束之后，对试卷进行分析，科学评估试卷质量和考试测评工作，有利于积累试卷编制经验，提高考试测评工作科学化水平，面试质量分析。在面试结束之后，做好面试质量分析工作，对提高面试测评的科学化水平具有重要意义①。具体规定见表3—5。

表3—5　　　　　竞争性选拔考试质量评估的相关规定

项目	对象/工具		内容/方法
问卷调查（含跟踪调查）	委托单位负责人代表 考官和应试者代表		试题的针对性/有效性/鉴别力/难度；考试的准确性/效果；考试管理的规范性；对照测评要素调查选拔任用干部任职期间的能力/行为表现及实际业绩的评价等方面
试卷质量	结构分析		内容/题型/赋分/难度/时限等结构分析
	质量分析	信度	重测信度/复本信度/分半信度/评分者信度等
		效度	内容效度/构思效度/效标效度等
		难度	对试题的难度进行估计以确定适宜的难度
		区分度	题目鉴别法/方差法/相关分析法等
面试质量	评分一致性信度分析		把握面试考官的评判质量；为选聘和培训考官提供依据
	效标关联效度分析		以应试者平时的工作能力和实际表现等为效标进行分析，为改进面试命题提供依据

对领导干部竞争性选拔考试测评信度效度的检验评估，虽有明

---

① 中共中央组织部领导干部考试与测评中心：《党政领导干部公开选拔和竞争上岗考试测评工作指导手册》，党建读物出版社2010年版，第115页。

确规定，但现实中却罕见实施。考试测评信度效度评估验收是检验选拔考试测评质量的重要关卡，尽管信度效度评估验收不能完全评估领导干部竞争性选拔考试测评质量，但保证领导干部竞争性选拔考试测评质量是必不可少的环节，加强验收的控制对保证领导干部竞争性选拔考试测评质量的合格具有重要意义。

二 实体性规制中的操作准则/标准规制

实体性规制中的操作准则和社会性规制中的标准规制具有显著的交叉重叠性。制定操作准则和标准是实体性规制和社会性规制最常用的方式。《党政领导干部公开选拔和竞争上岗考试大纲》《全国领导干部选拔考试通用题库分题库工作手册》和《党政领导干部公开选拔和竞争上岗考试测评工作指导手册》（2010年版）为标准规制提供了基本依据。从性质上看，标准可分为强制性标准和推荐性标准两类；从规制程度看，标准可分为绩效标准和技术标准两类，技术标准严于绩效标准。如《党政领导干部公开选拔和竞争上岗考试大纲》对笔试试卷结构规定：试卷满分为100分或150分，测试时限为150分钟或180分钟；试卷中不同难度的试题比例为：较难试题约占20%，中等难度试题约占60%，较容易试题约占20%。《党政领导干部公开选拔和竞争上岗考试测评工作指导手册》（2010年版）建议结构化面试测评时限一般为20分钟左右。《全国领导干部选拔考试通用题库分题库工作手册》规定试卷中80%以上的试题区分度在0.30以上，试卷内一致性信度在0.60以上。笔试面试试卷及参考答案标准格式说明包括制版标准（页面设置、字体设置）、验收标准、试卷装袋标准等。这些标准对提高领导干部竞争性选拔工作水平起到了很大的作用，但在标准规制中仍然存在许多问题。目前标准规制风险突出表现在以下三个主要方面。

第一，标准规制的法规位阶不足规格不高。《党政领导干部公开选拔和竞争上岗考试测评工作指导手册》（2010年版）由中央组织部领导干部考试与测评中心组织编写，"其主要内容是解析政策、总结经验、提供范例、明确应注意把握的环节和问题"①，其主要目的在《党政领导干部公开选拔和竞争上岗考试测评工作指导手册》（2010年版）的后记中表述为："编写本《手册》的主要目的是为各地各部门组织（人事）部门同志提供一本开展公开选拔和竞争上岗考试测评工作参考书，以指导制订科学合理的工作方案并公正严密地组织实施。"② 两个《手册》即《党政领导干部公开选拔和竞争上岗考试测评工作指导手册》（2010年版）和《全国领导干部选拔考试通用题库分题库工作手册》均未正式发文，仅仅只是作为参考书的定位，其规制的法规"位阶"不足，"规格"和"刚性"可想而知。更有甚者，有些基层选拔机构、考试测评机构甚至都不知《党政领导干部公开选拔和竞争上岗考试测评工作指导手册》（2010年版）为何物。

第二，命题内容标准指向性差针对性不强。多种领导职位却用同类试卷测评，多种领导职位需求却用相同测评内容去衡量，结果是信度效度差，考试测评失真。由于受自身水平限制，命制试题时"临时抱佛脚"，或异地购买或在已有"题库"（实为题堆）中重复筛选，致使试题与本地实情、岗位要求相差悬殊。领导干部竞争性选拔中的考试测评信度效度风险大。

第三，缺乏科学规范的考官资格认证标准。领导干部竞争性选拔中的考官评委一般由领导干部、人事干部和专家组成，其中前者所占比重绝对最大。由于缺乏科学规范的考官资格认证标准，由于缺失科学规范的考官资格认证制度、持证上岗制度，这些临时抽调实则早已内定的非考试测评专业性领导干部，在评分时"相对称

---

① 中共中央组织部领导干部考试与测评中心：《党政领导干部公开选拔和竞争上岗考试测评工作指导手册》，党建读物出版社2010年版，第278页。
② 同上。

职"的评委还能参照拟定的参考标准答案来打分,但忽略了对应试者分析解决问题的思维方式和能力的考察,而更多的评委则完全是凭个人主观印象和感觉打分①。尤其是在单位内部的竞争上岗面试中,考官几乎全是本单位领导,几乎全是打"感情分""合谋分"。如此以往,考试必亡!领导干部竞争性选拔已面临"被取缔"的"崩溃瓦解"之风险。

三 社会性规制中的信息规制

信息规制和教育培训是社会性规制的重要方式之一。但领导干部竞争性选拔规制在信息规制和教育培训方面还存在着许多值得关注和控制的风险因素或风险点。《中华人民共和国政府信息公开条例》,于2007年1月17日国务院第165次常务会议通过,2007年4月5日发布,自2008年5月1日起施行。虽然已经建立信息公开制度,但信息公开制度的施行还存在很多问题。领导干部竞争性选拔方面的信息公开制度还处于筹备与摸索阶段,尚未进行完全的信息公开工作。

领导干部竞争性选拔信息规制风险隐患突出表现在以下四个主要方面:一是信息收集"虎头蛇尾"。上级组织对下级组织的领导干部竞争性选拔工作方案,一般要给予审批,对竞争性选拔结果也予以备案,但对涉及竞争性选拔质量的全程信息却不闻不问。二是全程信息"拦腰截断"。领导干部竞争性选拔全程信息包括事前信息、事中信息、事后信息。事前的竞争性选拔职位、报名条件、时间地点等,基本准确公开;事后的竞争性选拔结果等信息,也基本准时公开;而对公众同样甚至更加关注的竞争性选拔事中信息,包括履历评价、笔试面试、民主推荐、民主测评、组织考察等详情,

---

① 梁丽芝、韦朝毅:《我国公开选拔领导干部制度的发展与完善》,《湘潭大学学报(哲学社会科学版)》2010年第34卷第1期,第5—9页。

则很少公开或基本不公开。三是干部公示"类似公告"。公示制虽刷新了"阳光监督"的表面效应，但公示内容公式化，自然状况、工作经历、时间起止公示百分百，工作实绩、业务能力、人职匹配公示百分零。公示＝公告。四是信息沟通"单向为主"。竞争性选拔信息沟通，单项发布，缺乏双向沟通、反馈渠道，丧失了公示制及试用期制的本来作用，失去了公示制及试用期制的本来意义。加剧了信息不对称、外部监督不足等风险问题。

领导干部竞争性选拔教育培训风险隐患突出表现在以下两个主要方面：一是"公立培训"缺失。由于领导干部竞争性选拔方面的教育培训还没有受到高度重视，在竞争性选拔考官队伍方面，教育培训体系建设滞后，对竞争性选拔专家评委、基层选拔机构、领导人选缺乏系统的教育与培训。由于没有接受系统的教育和培训，竞争性选拔专家评委、基层选拔机构、领导人选对竞争性选拔质量意识很浅薄。作为基层选拔机构，许多人没有竞争性选拔质量意识、责任意识，甚至不清楚领导干部竞争性选拔技术标准。二是"私立邪教"盛行。作为领导人选，许多人对于竞争性选拔与非竞争性选拔的区别、如何鉴别和准备竞争性选拔等方面的知识了解不多，知之甚少，甚至涉猎、摄入一些社会机构或社会谣传的非竞争性选拔知识、形式技巧、机械套路等，严重影响了领导干部竞争性选拔制度的正能量导向功能。

四 经济性规制中的威慑规制

经济性规制又分为激励规制和威慑规制等规制方式。领导干部竞争性选拔激励规制方式运用较少，而领导干部竞争性选拔威慑规制方式的运用还存在较大的问题。

我国对领导干部竞争性选拔风险的规制以纪委监察为主，包括组织部内部的监督体系等。规制机关依据领导干部竞争性选拔相关法规，监管选拔风险、查处违法案件、制裁违法行为。为竞争性选拔质量、干部队伍建设质量、竞争性选拔公信度提供了监督保证。

但竞争性选拔领导人选质量风险规制还存在很多问题，这些问题不仅体现在理论上，也体现在制度上和实践中。在理论上，无论是规制者还是被规制者乃至公众，对竞争性选拔领导人选质量风险的性质还缺乏深刻的认识和理解。在制度上，对竞争性选拔领导人选质量风险的规制，还缺乏统一的治理思路、规则和手段，结果常常是"挖东墙补西墙"，或者"按下葫芦浮起瓢"，目的和手段南辕北辙，雷声大雨点小影响差。在实践中，除了极少数之外，大多数质量风险缺乏法律来予以规范，只是依赖于党纪，有的甚至连现行党纪政纪也无可奈何。

《公务员法》第一百零一条①规定了领导干部竞争上岗、公开选拔中的违法情形和惩处规定。《党政领导干部选拔任用工作条例》专门规定了选拔任用党政领导干部"十不准"②。现将《公开选拔党政领导干部工作暂行规定》第三十六、三十七条和《党政机关竞争上岗工作暂行规定》第二十七、二十八条中关于领导干部竞争性选拔的纪律与监督条款整理如下（见表3—6）：

---

① 《公务员法》第一百零一条规定：不按编制限额、职数或者任职资格条件进行晋升的；不按规定程序进行竞争上岗、公开选拔的；在竞争上岗、公开选拔中发生泄露试题、违反考场纪律以及其他严重影响公开、公正的；由县级以上领导机关或者公务员主管部门按照管理权限，区别不同情况，分别予以责令纠正或者宣布无效；对负有责任的领导人员和直接责任人员，根据情节轻重，给予批评教育或者处分；构成犯罪的，依法追究刑事责任。

② 第十二章纪律和监督第六十一条规定：选拔任用党政领导干部，必须严格执行本条例的各项规定，并遵守下列纪律：（一）不准超职数配备、超机构规格提拔领导干部，或者违反规定擅自设置职务名称、提高干部职级待遇；（二）不准采取不正当手段为本人或者他人谋取职位；（三）不准违反规定程序推荐、考察、酝酿、讨论决定任免干部；（四）不准私自泄露动议、民主推荐、民主测评、考察、酝酿、讨论决定干部等有关情况；（五）不准在干部考察工作中隐瞒或者歪曲事实真相；（六）不准在民主推荐、民主测评、组织考察和选举中搞拉票等非组织活动；（七）不准利用职务便利私自干预下级或者原任职地区、单位干部选拔任用工作；（八）不准在工作调动、机构变动时，突击提拔、调整干部；（九）不准在干部选拔任用工作中封官许愿，任人唯亲，营私舞弊；（十）不准涂改干部档案，或者在干部身份、年龄、工龄、党龄、学历、经历等方面弄虚作假。

表3—6　　竞争性选拔纪律与监督及处罚的相关条款

	公开选拔暂行规定	竞争上岗暂行规定
纪律	（第三十六条）不准事先内定人选；不准在实施过程中随意更改；不准弄虚作假，搞非组织活动；有关单位要客观/全面地反映和提供考察对象的真实情况，不得夸大/隐瞒或者歪曲事实；不准泄露考试试题/评分情况/考察情况/党委（党组）讨论情况等	（第二十七条）不准事先内定人选；不准在实施过程中随意更改；不准泄露考试试题/考察情况/党委（党组）讨论情况等；面试小组成员要客观公正，不准打人情分；参加考察的人员要公道正派，不准隐瞒或者歪曲事实真相；不准弄虚作假，搞拉票等非组织活动
监督	（第三十七条）对公开选拔工作要加强监督。必要时，成立由纪检机关（监察部门）等有关方面组成的监督小组，对公开选拔工作进行监督。对公开选拔工作中的违纪行为，干部、群众可以向上级组织（人事）部门或者纪检机关（监察部门）检举/申诉。受理机关和部门应当按照有关规定认真核实处理	（第二十八条）竞争上岗必须接受上级党委及其组织（人事）部门的监督，接受上级纪检（监察）机关的监督，接受本单位机关党组织和纪检（监察）机构的监督，接受干部/群众的监督。干部/群众对竞争上岗工作中的违纪行为，有权向党组织或者组织（人事）部门/纪检（监察）机关检举/申诉。受理部门应当按照有关规定及时进行调查核实
处罚	（第三十八条）对违反本规定第三十六条的，要按照有关规定给予相应的党纪政纪处分	（第二十七条）对竞争上岗工作中的违纪行为，按照有关规定予以组织处理或者纪律处分。情节严重的，可宣布竞争上岗结果无效，并追究有关人员的责任

表3—6所列条款表明，《公开选拔党政领导干部工作暂行规定》和《党政机关竞争上岗工作暂行规定》对领导干部竞争性选拔纪律与监督及处罚管理相关各方的职责作出了严明规定，为惩罚领导干部竞争性选拔违法行为提供了依据。但在领导干部竞争性选拔禁止性的"不准"行为制度设计和执行落实中还存在诸多的薄弱环节，如条款空泛、威慑不力等问题。

条款空泛。责任认定和追究条款空泛化，操作性不强。原则性的规定，只有宣告的意义，重在警示，而非真正意义上的禁止。虽规定若干条"不准"，但未规定违反条款的具体处置量化标准和办法。虽规定了制裁的种类，但缺乏实质性的监督措施，使得这些制裁措施沦为空谈。有些环节还存在制度空白，不能满足形势发展的需要；更重要的是一些制度过于宽泛，缺少具体实施措施，缺乏针对性和可操作性；所有针对领导干部竞争性选拔违规违法行为的规定，几乎未对领导干部竞争性选拔违法违规行为应承担什么后果作出明确规定，也就是说，都无法律责任条款。只有《公务员法》规定了对有违反本法规定情形的，如：不按编制限额、职数或者任职资格条件进行晋升的，不按规定程序进行竞争上岗、公开选拔的，在竞争上岗、公开选拔中发生泄露试题、违反考场纪律以及其他严重影响公开、公正的，"构成犯罪的，依法追究刑事责任。"然而，这也只是一个空泛的规定，既无相对应的法律条款说明，也无查明事实的能力。禁止性行为的监督制度还普遍存在"对下级制约多，对同级监督少；形式监督多，实质制约少；对个人制约多，对组织监督少；被动监督多，主动监督少"的问题[①]。领导干部竞争性选拔"不准"行为的法律责任缺失或者权责不符现象严重，是相关规定难以实施的主要原因。

威慑不力。领导干部竞争性选拔"不准"行为屡禁不止除了规定本身存在的问题，还有对违规处罚不够以及权力缺乏有效制约的原因。对领导干部竞争性选拔违法行为惩罚力度的不足导致拉票等违法行为屡禁不止。又由于竞争性选拔及其领导人选质量的特殊性、隐蔽性，其风险危害很难在领导人选任用前后立刻呈现出来，而且其造成的危害又具有间接性，甚至是在多年以后才引发出来。因此，虽有法律规定，但执法操作难，使领导干部竞争性选拔违法行为无法受到有效的处罚。还有一些制度缺乏系统性和存在重制定、轻执行现象。可以说，组织人事部门为了监督领导干部竞争性选拔禁止性行为花费了大量的力气，执行效果却不尽如人意。这些

---

① 张德华、卞敏、孙肖远：《预防腐败的制度体系建构》，《学海》2008 年第 2 期，第 12—16 页。

问题或不足，直接或间接导致一些人员肆无忌惮地实施领导干部竞争性选拔禁止性行为。造成领导干部竞争性选拔相关人员普遍存在侥幸心理。如果存在相当数量的违规现象，必然形成"法不责众"的局面，这将直接导致相关行为的禁止性规定形同虚设。因此，在进行领导干部竞争性选拔禁止性行为的制度建设时，应采取多种措施堵漏，形成明察秋毫、天网恢恢，"莫伸手，伸手必被捉"的局面，击垮"法不责众"的心理防线①。这点可以借鉴《刑法修正案（八）》对"醉酒驾驶"入罪的规定。"醉驾"如何处理一直是困扰执法机关的难题，在处理中也有较大的争议，但《刑法修正案（八）》确立了"入刑"的醉驾标准，使执法机关有法可依，醉酒驾驶大幅度下降，执行效果有目共睹。尽管对"醉驾入刑"的标准还有一定争议，但仍然可以说其是近年来少有的立法成功范例。拉票贿选等禁止性行为也可以借鉴"醉驾入刑"的经验，使相关规定不再是"稻草人"条文。当然，拉票贿选等行为不如"醉驾"那样容易查获，但有标准比没有标准显然更胜一筹②、

第六节 本章小结：风险林林总总

第一，现阶段领导干部竞争性选拔中存在的选拔风险与选拔规制风险并存，反映了传统委任制的烙印以及选拔机制与选拔规制磨合中的失控现象。竞争性选拔风险表象、对竞争性选拔公信度的质疑正是竞争性选拔风险的部分来源。

第二，竞争性选拔风险按起因可分为两类：一是内在/固有风险；二是外在/偶然风险，包括推荐、测评、考察等环节中的违规竞争、管理不善、认知局限等人为因素所导致的风险。而人为因素

---

① 田禾：《公职人员禁止行为研究》，社会科学文献出版社2013年版，第313—314页。

② 同上书，第318页。

所导致的选拔风险又可分为非制度性风险与制度性风险两大类。制度性风险对非制度性风险既有正向作用又有反向作用，制度性风险是选拔风险的主要风险根源，并且通过非制度性风险发生作用。

第三，竞争性选拔制是委任制的全息缩影版。由于传统委任制正向现代委任制拓展，因此制度性风险又可分为直接委任制风险（RA）、考察委任制风险（RB）、荐举委任制风险（RC）和考选委任制风险（RD）四类风险。四类制度性风险的关系既是一种包含关系又是一种规制关系。由于老的委任制形式及其风险并没有被新的委任制形式及其风险所替代，因此新老委任制形式及其风险就形成了一种包含关系。即：RA 主要包括任人唯亲和卖官鬻爵等风险；RB 主要包括 RA 和考察中的失真失实、唯 GDP 取人等风险；RC 主要包括 RA、RB 和民主推荐民意测评中的贿选拉票、唯票取人等风险；而 RD 则主要包括 RA、RB、RC 和考试测评中的舞弊、信度效度及高分低能、唯分取人等风险。这四类制度性风险关联紧密，从 RA 到 RB 到 RC 再到 RD，为包含关系，虽其风险种类逐步增多、风险数量逐步增大，呈递增关系，但从 RD 到 RC 到 RB 再到 RA，为规制关系，其风险度则将逐步减小，呈递减关系，而选人用人公信度则将逐步提高。

第四，领导干部竞争性选拔规制体系中的风险因素主要包括机制性障碍、立法的公开性/参与性不足、机构独立性/专业性不强、委托代理间的机会主义行为、忽视规制对象的权益等；规制方式中的风险点主要包括程序性规制中的职位规制/效度评估、实体性规制中的操作准则/标准规制、社会性规制中的信息规制、经济性规制中的威慑规制等。

第四章 竞争性选拔规制三维结构体系的构建

规制主体要有效地实施竞争性选拔规制，必须构建一个完善的竞争性选拔规制体系。事实上，竞争性选拔规制实践和改革的过程就是竞争性选拔规制体系完善的过程。本章根据竞争性选拔规制理论基础及相关研究现状，在竞争性选拔规制变迁分析基础上，针对竞争性选拔风险及其规制风险，构建全面风险管理理论框架下的竞争性选拔规制三维结构体系，为竞争性选拔规制改革建议提供依据和思路。

第一节 全面风险管理框架下的规制三维结构体系

构建全面风险管理框架下的竞争性选拔规制三维结构体系，首先须明确其规制体系构建的基本思路和基本原则。

一 规制体系构建的基本思路和原则

（一）基本思路

构建竞争性选拔规制结构体系，首先需要解决的是沿着什么思路去构建。沿着不同的思路构建，就会得到不同的规制结构体系。竞争性选拔是传统委任制向现代委任制拓展的产物，其规制体系作为一种政治制度属于上层建筑范畴，当由经济基础所决定并受上层建筑领域其他因素的制约和影响。因此，竞争性选拔规制结构体系的构建，必须沿着中国特色社会主义市场经济、依法治国和民主政治的方向去构建①。

一是市场思路。由本书第二章竞争性选拔规制变迁分析可知，竞争性选拔破冰于我国的改革开放，启动于我国的市场经济建设。因此，竞争性选拔规制体系的构建，要适应中国特色社会主义市场经济的要求，在坚持党管干部原则的同时，运用市场机制作用配置领导职位及其领导人选资源。

二是法治思路。依法治国是我国的基本方略。竞争性选拔规制本身就具有党纪国法性质，是依法治国依规治党的一项制度安排。因此，竞争性选拔规制体系的构建，要与现行的党纪国法相衔接，运用法治机制配置领导职位及其领导人选资源。

三是民主思路。由本书第二章竞争性选拔规制变迁分析和1995年版的《党政领导干部选拔任用工作暂行条例》可知，竞争性选拔孕育于民主推荐与民主测评。民主是竞争性选拔的基础元素之一。民主是《党政领导干部选拔任用工作条例》1995年版、2002年版和2014年版所规定的，选拔任用党政领导干部必须坚持的原则。因此，竞争性选拔规制应更多地引入民主机制，引入民主监督机制，引入民主规制机制，运用民主机制配置领导职位及其领导人选资源。

（二）基本原则

竞争性选拔是中国特色社会主义政治条件下的选拔任用领导干部制度。因而，其规制体系必须符合竞争性选拔领导干部制度的基本原则，即党管干部、德才兼备、公平竞优和"六六制"等原则，

---

① 吴瀚飞：《中国公开选拔领导干部制度研究》，中国社会科学出版社2002年版，第127页。

这是竞争性选拔体系及其规制体系构建和良性运行的基本原则。因此，竞争性选拔规制结构体系的构建，必须遵循四项基本原则。

第一，党管干部原则。竞争性选拔规制结构体系的构建，要有利于党管干部原则在竞争性选拔及其规制中贯彻始终和不折不扣地执行。由本书第二章竞争性选拔规制变迁分析可知，竞争性选拔及其规制正是在被规制者（基层党委机构）与规制者（高层党委规制机构）在不断的沟通中，得到规制者的确认而得以推行实施。

第二，德才兼备原则。任人唯贤、德才兼备始终是我党选拔任用党政领导干部的最基本原则和标准，是我党的基本干部路线。德才兼备以德为先，与党管干部原则一样都是《党政领导干部选拔任用工作条例》1995 年版、2002 年版和 2014 年版所规定的，选拔任用党政领导干部必须坚持的原则。因此，竞争性选拔规制结构体系的构建，要有利于德才兼备以德为先原则在竞争性选拔及其规制中的所有环节，都能体现德才兼备以德为先的标准，以保证所选拔的领导人选都是德才兼备以德为先的优秀领导人选。

第三，公平竞优原则。公开、平等、竞争、择优也是《党政领导干部选拔任用工作条例》1995 年版、2002 年版和 2014 年版所规定的，选拔任用党政领导干部必须坚持的原则。竞争性选拔公平竞优，即坚持平等公正，最大化地公开制定实施规则程序，科学确定选拔职位及其条件标准，合理运用现代考试测评考察考核方式方法，建立完善良性竞争机制，动态实现人职匹配择优。竞争性选拔规制体系的构建，要有利于竞争性选拔公平竞优原理①在竞争性选拔及其规制中得以遵循，使竞争性选拔及其规制在公平竞优条件下，能够高质量低风险的选拔出优秀领导人选，并得以高效率低成本的规制。

---

① 龚建桥：《竞争性选拔制度结构体系的构建》，《特区实践与理论》2012 年第 3 期，第 52—55 页。

第四,"六六制"原则。竞争性选拔"六六制",一是选拔六位一体制,包括职位及标准与资格条件确定制度、公开报名与资格审查制度、民主推荐与民主测评制度、测评考务制度、差额考察与差额票决制度、公示与试用任用制度;二是测评六位一体制,包括职位分析与测评设计制度、命题与题库制度、测评与考官制度、考务监督制度、质量评估制度、安全保密制度。竞争性选拔规制体系的构建,要有利于竞争性选拔制度的"六六制"结构体系①在竞争性选拔及其规制中得以实现,使竞争性选拔及其规制在"六六制"条件下,能够高质量低风险的选拔出优秀领导人选,并得以高效率低成本的规制。

二 竞争性选拔规制三维结构体系

竞争性选拔规制体系是指竞争性选拔规制结构要素及其构成方式。

(一)竞争性选拔规制体系的系统性

按照系统科学②的观点:系统是由两个以上可以相互区别的要素构成的集合体,各个要素之间存在着一定的联系和相互作用,形成特定的整体结构和适应环境的特定功能,它从属于更大的系统。系统的整体性原理可以简要地表述为"整体不等于它的部分的总和"。系统的结构是指系统内部各要素相互联系和相互作用的方式或秩序,是系统具有整体功能的内部根据;系统的功能是指系统与外部环境相互联系和作用过程的秩序和能力,是系统的外在表现。

竞争性选拔规制体系包括规制目标、规制主体、规制方式等要

---

① 龚建桥:《竞争性选拔制度结构体系的构建》,《特区实践与理论》2012 年第 3 期,第 52—55 页。

② 邹珊刚、黄麟雏、李继宗、苏子仪、马名驹、朴昌根:《系统科学》,上海人民出版社 1987 年版,第 48、97—98、113 页。

素。竞争性选拔规制结构体系是指规制目标、规制主体、规制方式等要素以规制形式或形态相联系的有机系统，或者说是指竞争性选拔规制结构要素及其构成方式。它从属于更大的委任制系统。构建合理的竞争性选拔规制结构体系，就是为了实现竞争性选拔规制功能，达到规制预期目标。

（二）竞争性选拔规制体系的非线性

对于非线性（non-linear）概念，有两种等价的表述，其一物理变量关系不对称源于其二叠加原理不成立。两个眼睛的视敏度是一个眼睛的6—10倍，就是非线性。非线性中的相互作用使系统"整体不等于它的部分的总和"①。

不仅仅是由于竞争性选拔的保密性甚至神秘性（包括风险数据），而更是由于竞争性选拔这一社会现象主要是整体的、系统性的，不同于物理化学现象主要是具体的、元素性的。因此，不应当简单地使用数学工具去具体描述整体性的竞争性选拔，这将因出现不确定项以致无定量解，而目前应当使用系统哲学方法定性理解。

竞争性选拔规制系统的具体分布状态 = 其确定的分布状态 + 其不确定分布状态，概念性的定性叠加，类似于 $1 + X = ?$，是非线性的。"互联网 +"、本书在第三章中描述的竞争性选拔风险系数 $K = ks + ks'$，也是诸如 $1 + X = ?$ 之类的甚至更特殊的非线性关系。因此，目前应当使用系统哲学方法定性理解。

（三）竞争性选拔规制体系的三维结构

本书借鉴第一章所阐述的 COSO 的全面风险管理——整合框架，根据本部分的研究主题和目标，将要素维度的风险管理流程置换为风险规制方式，设置全面风险管理框架下的竞争性选拔规制三维结构体系（如图4—1所示），并研究其实现的方式。

竞争性选拔规制三维结构体系的全面风险管理是一个过程。它

---

① 邹珊刚：《系统性原理研究》，《自然信息》1984年第2期。

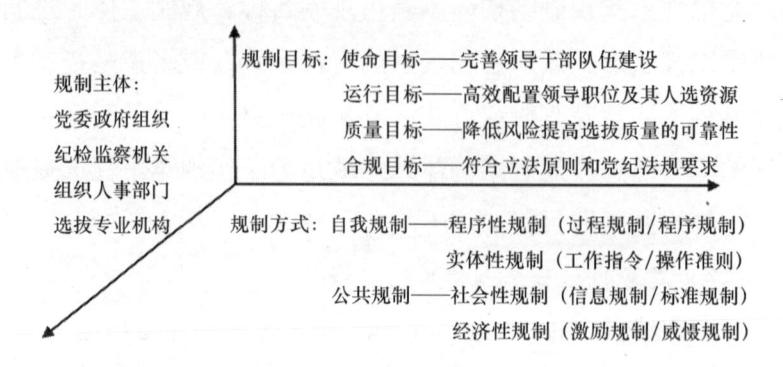

```
规制主体:           规制目标: 使命目标——完善领导干部队伍建设
党委政府组织                运行目标——高效配置领导职位及其人选资源
纪检监察机关                质量目标——降低风险提高选拔质量的可靠性
组织人事部门                合规目标——符合立法原则和党纪法规要求
选拔专业机构
                    规制方式: 自我规制——程序性规制(过程规制/程序规制)
                              实体性规制(工作指引/操作准则)
                              公共规制——社会性规制(信息规制/标准规制)
                                        经济性规制(激励规制/威慑规制)
```

图4—1　全面风险管理框架下的竞争性选拔规制三维结构体系

由规制主体的规制机构实施，应用于规制目标的制订，贯穿于规制方式之中，并为规制目标的实现提供保证。

目标维度即规制的目标。通过确立并实现规制使命目标、规制运行目标、规制质量目标和规制合规目标，以降低竞争性选拔风险。

要素维度即对竞争性选拔风险进行规制所采取的规制方式集成。采取以提高规制效能为目的的规制集成方式，将自我规制与公共规制有机结合在一起的融合机制，设计如何对竞争性选拔风险进行规制。规制方式为规制目标服务。

层级维度即规制主体的规制机构。各级党委政府、纪检监察、组织人事等规制机构以及选拔专业机构坚持规制的目标，根据规制方式来开展竞争性选拔风险的规制活动。

为改进提高竞争性选拔规制效率和质量，必须健全完善竞争性选拔规制三维结构体系。

第二节　目标维——竞争性选拔规制目标及立法

竞争性选拔规制目标是建立竞争性选拔规制体系的基础，建立竞争性选拔规制体系的目的就是为了有效地实现竞争性选拔规制的目标。竞争性选拔规制立法（党纪法规）是实施竞争性选拔规制的基本依据。竞争性选拔党纪法规从顶层设计，规定了竞争性选拔规制的目标，并赋予了竞争性选拔规制及其规制主体的合法性。

一 竞争性选拔规制目标

竞争性选拔规制的目标维度即规制目标，竞争性选拔规制目标是建立竞争性选拔规制体系的基础。竞争性选拔规制目标包括总目标和分目标。竞争性选拔规制总目标是为了控制领导干部竞争性选拔风险，降低由于社会经济快速发展而带来的领导干部竞争性选拔风险，以提高选人用人公信度。总目标力求实现以下四种类型的目标：一是规制使命目标——与领导干部竞争性选拔使命相关联并支撑其使命，这个使命就是完善领导干部队伍建设；二是规制运行目标——设置一个使领导职位及其人选资源配置效率最大化的风险规制机制，以有效和高效率地使用领导职位及其人选资源；三是规制质量目标——降低领导干部竞争性选拔风险的同时，提高领导干部竞争性选拔质量的可靠性；四是规制合规目标——符合领导干部竞争性选拔规制立法原则和党纪法规的要求。竞争性选拔规制分目标是指各分项规制目标，如规制质量目标下的选拔考试与测评等。分目标是提高领导干部竞争性选拔考试测评信度与效度等。

二 竞争性选拔规制相关的党纪国法

完善的竞争性选拔党纪法规体系是有效实施领导干部竞争性选拔规制的重要保障。领导干部竞争性选拔规制立法年历表如表4—1所示。

表 4—1　　　　　　　　竞争性选拔规制立法年历表

党纪法规/国家法律	主要内容
《党政领导干部选拔任用工作暂行条例》（1995年2月）中共中央颁布	必须坚持公开、平等、竞争、择优原则。推荐领导成员人选，还可以采取个人自荐和考试、考核相结合的办法
《2001—2010年深化干部人事制度改革纲要》（2000年6月）中共中央办公厅印发	要推行公开选拔党政领导干部制度。逐步提高公开选拔的领导干部在新提拔的同级干部中的比例
《党政领导干部选拔任用工作条例》（2002年7月修订）中共中央正式颁布	新增："公开选拔与竞争上岗"章节。规定：公开选拔和竞争上岗是党政领导干部选拔任用的方式之一
《公开选拔党政领导干部暂行规定》《党政机关竞争上岗工作暂行规定》（2004年3月）中共中央办公厅印发	分别对公开选拔、竞争上岗的适用范围、选拔程序、考试考察的方法、纪律和监督等作了具体规定
《中华人民共和国公务员法》2005年4月通过，2006年1月1日实施	第一次从法律上确认公开选拔是职务晋升的方式之一
《2010—2020年深化干部人事制度改革规划纲要》（2009年12月）中共中央办公厅印发	要加大竞争性选拔力度，新提拔厅局级以下委任制党政领导干部中，通过竞争性选拔方式产生的，2015年不少于三分之一
《党政领导干部选拔任用工作条例》（2014年1月）中共中央修订颁布	对竞争性选拔（公开选拔与竞争上岗）作出科学的限制性规定

竞争性选拔党纪法规为领导干部竞争性选拔规制提供了基本原则和框架，构成了领导干部竞争性选拔规制的依据。它贯穿于领导干部竞争性选拔规制各个方面和全过程，规范和指导着领导干部竞争性选拔规制的所有活动。竞争性选拔党纪法规规定并制约领导干部竞争性选拔规制机构的设立设置、职能的确定以及行使职能的方式等。

三　竞争性选拔规制立法的基本原则

（一）党管干部原则

党管干部原则是竞争性选拔规制立法的首要原则。主要是指在竞争性选拔规制立法中要坚持贯彻执行党的干部路线、方针和政策，严格按照党的原则制定竞争性选拔规制法规，其实质就是要在宏观上保证党对竞争性选拔工作的领导权，在微观上坚持党对竞争性选拔工作的管理权力。领导职位及其领导人选是党的事业的重要人力资源，领导干部是党的事业的重要骨干，党管干部是实现党的领导、巩固党的执政地位的重要组织保证，更是坚持党的领导的根本原则。党管干部原则在不同的历史时期，有不同的内涵。党管干部原则必须适应党所处的环境和政治任务的需要，不断地进行调整和变化。改革开放以来，我党在坚持党管干部原则的前提下，对党管干部的方式方法不断调整。1989年印发的《中共中央关于加强党的建设的通知》，不仅提出了"要坚持党管干部的原则，改进党管干部的方法"的命题，还确定了党管干部原则的基本内容。2007年，党的十七大报告继续强调要"坚持党管干部原则，坚持民主、公开、竞争、择优，形成干部选拔任用科学机制"。2012年党的十八大强调要进一步健全干部管理体制，完善干部考核评价机制；全面准确贯彻民主、公开、竞争、择优方针；完善竞争性选拔干部方式，提高选人用人公信度。

(二) 公平公正原则

公正是立法的基本原则之一。竞争性选拔规制立法的公正原则不仅要关注处于平等主体地位的组织之间的关系，还要关注形式上平等但实质上不平等的主体之间的关系。竞争性选拔规制关系包括三类关系：一是任免机构、用人单位与领导人选之间的关系；二是任免机构、选拔机构与用人单位、领导人选之间的关系；三是任免/选拔机构、用人单位/领导人选与公众之间的关系。表面上竞争性选拔规制关系是平等关系，但事实上普遍存在着形式上平等事实上不平等的关系。究其原因，一是双方之间政治经济实力的巨大差异；二是双方之间存在着严重的信息不对称。如领导人选由于受任免机构和用人单位的管辖在一定意义上处于被支配地位；公众、领导人选相对于任免/选拔机构、用人单位而言则更是处于严重的不利地位。因此，竞争性选拔规制立法者应在党纪法规立法环节，坚持公正原则，着力矫正强弱双方事实上的不平等关系。

（三）公开透明原则

竞争性选拔中的公开透明。一是指选拔任用条例、规定、办法、选拔方案等的制定、执行、修订都应在公开、透明、互动的方式下进行；二是指领导人选和公众的知情权；三是指任免/选拔机构和用人单位披露领导职位信息的义务；四是指竞争性选拔规制主体应及时向公众发布信息，尤其是风险信息。竞争性选拔规制立法必须坚持公开透明原则，着力缓解信息不对称，降低信息劣势方的损害。

第三节　层级维——竞争性选拔规制主体机构

层级维度即规制主体的规制机构，各级党委政府组织、纪检监察机关、组织人事部门、选拔专业机构等规制机构坚持规制的目的，根据规制方式来开展竞争性选拔风险的规制活动。竞争性选拔及其规制政策、工作方案的制定和具体实施，由规制机构承担，竞争性选拔规制的效果和质量，取决于规制机构的性质和行为。竞争性选拔规制三维结构体系的层级维设计，既要满足竞争性选拔规制机构的特征，充分发挥规制作用，又要制衡竞争性选拔规制机构存在滥用规制权力的可能，规制规制者腐败。

一　竞争性选拔规制机构的特征

竞争性选拔规制机构是指承担党委规制职能的机构，也就是党委规制的主体，亦称规制者。基于对规制的广义的认识，领导干部竞争性选拔规制主体应包括：党中央、党委、纪委（监察）部门、组织（人事）部门；拟用人单位党委（党组），如其内部的自我规制机构等；竞争性选拔官方中介专业机构、半官方中介专业机构和社会中介专业机构等。基于对规制的狭义的认识，则领导干部竞争性选拔规制的主体只是党中央、党委、组织（人事）部门，不包括纪委（监察）部门、拟用人单位党委（党组）和竞争性选拔中介专业机构等。

事实上，竞争性选拔活动需要一个多层级的竞争性选拔规制体系，尽管党委规制与非党委规制在规制依据、程序、方法等方面都存在一定的差距，但党委（官方）规制与社会中介机构等非党委（非官方）规制是相互配合、相互补充的关系，对充分发挥非党委规制的作用，改善党委规制的质量与绩效，提高党委规制的效能具有重要意义。本书侧重采取狭义的观点，研究讨论的范围主要是党委规制机构，但也兼论非党委规制机构。据此，本书认为，竞争性选拔规制机构是党委组织依据党纪国法行使具有中央强制力的权力，并通过依法制定规制标准等手段，对竞争性选拔活动进行规范和控制，履行监管职能的党委机构。

竞争性选拔规制机构是一个较为复杂的群体，从不同的角度区分，可以划分为不同的类型。例如，根据独立性的程度，可以将规制机构分为从属性的规制机构和独立的规制委员会（领导小组）。但根据规制机构的定义和性质[①]，竞争性选拔规制机构无论是哪一种性质的规制机构，都应具有以下几个特征：

[①] 对规制机构性质的规定，不同的国家之间存在差异，甚至同一国家对不同规制机构的定性也不一致。概括起来有三种情况：第一，行政机构说。这一观点已被当今美国的官方和学者广泛认可，美国政府手册也一直将独立的规制委员会作为行政部门的分支来介绍。第二，公法人说。在以英国为首的英联邦国家，规制机构多被定位为公法人。所谓公法人就是在具有一般职权范围的中央行政机关和地方行政机关以外，享有一定的独立性和单独存在的法律人格并从事某种特定的公共事务的行政机构。第三，事业单位说。在我国大部分规制机构为国务院组成部、国务院直属机构，其性质为行政机构确认无疑。但一些新建的规制机构如中国证券监督管理委员会、国家电力监管委员会、中国银行业监督管理委员会、中国保险监督管理委员会等，被定性为国务院的直属事业单位。不论是行政机关说，还是公法人说、事业单位说其共性在于，规制机构履行政府的规制职能，通过行使准立法权、行政权、准司法权完成行政任务（参见苏晓红：《我国的社会性管制研究》，华中科技大学博士学位论文，2008年）。

（一）竞争性选拔规制机构具有权威性

竞争性选拔规制机构有权制定规制或准规制、有权裁决争端，还必须履行某些党委规制方面的职责，如信息收集、监督检查规制的执行情况等。这样规制机构就具有权威性。

（二）竞争性选拔规制机构具有专业性

竞争性选拔规制机构是一种党委机构，但它又不同于传统的党委机构。竞争性选拔规制是对竞争性选拔这一特定领域和竞争性选拔考试与测评这一特定问题的监督与管理，规制的过程复杂多样，规制的事项具有高度的技术性、专业性。传统的党委机构一般缺乏对这一特定领域和这一特定问题进行规制的专业知识和能力，无法达到竞争性选拔规制专业化的目标。竞争性选拔规制机构正是党委根据竞争性选拔这一特定领域和竞争性选拔考试与测评这一特定问题的需要而创设的，具有专业性。这种专业性主要表现为，考试测评规制机构拥有更多的时间、知识和经验，可能降低成本，取得专业化成效。

（三）竞争性选拔规制机构具有独立性

独立性是指规制机构独立于传统的官僚体系之外，不受不正当的政治干预和行政影响，独立自主运作。竞争性选拔规制的目的是为了弥补竞争性选拔失灵、防止竞争性选拔风险，提高选人用人公信度，维护社会公共利益，独立性是竞争性选拔规制机构能否达成规制目的的关键性因素，是竞争性选拔规制机构的核心特征。竞争性选拔规制机构的独立性主要表现为：（1）授权独立。党纪法规授权独立是竞争性选拔规制机构设计中的最重要的一项基本原则。为使竞争性选拔规制机构能独立行使职权，党纪法规往往授予其独立的地位。（2）人事独立。由法定程序形成规制机构的组织安排。（3）职权独立。为了保证规制机构决策的客观性与中立性。党纪法规往往赋予其独立行使其职权的权利。（4）经费独立。经费来源完全或部分独立，以避免经费来源的压力而影响决策的中立性。

诚然，竞争性选拔规制机构的独立仅是相对独立，而非绝对独立。因为竞争性选拔规制是一个涉及多个党委机关相互作用的十分复杂的政治过程。由此可见竞争性选拔规制不仅仅是竞争性选拔规制机构本身的事，而是多个党委机关共同作用的结果。

竞争性选拔规制机构的上述特征使得竞争性选拔规制机构能够独立、专业、经济的履行党委对竞争性选拔的规制职能。

二 竞争性选拔规制机构的制衡

竞争性选拔规制机构的规制行为是一种集制定规制或准规制、裁决争端和信息收集、监督检查规制的执行于一体的规制行为，具有权威性。由于竞争性选拔规制机构拥有很大的自由裁量权，极有可能导致规制权的滥用。因此，必须对竞争性选拔规制机构的规制行为给予相应的制衡。

（一）党委控制

竞争性选拔规制机构的相对独立性，即使可设置为独立于传统的党委部门，也决不能独立于党委控制之外。党委主要通过四种形式控制竞争性选拔规制机构。一是授权控制。通过授权控制以扩大或缩小其职权，还可以改变甚至撤销其组织。二是预算控制。使用预算控制，或增加其预算，扩大其活动；或减少其预算，缩小其活动。三是人事控制。党委可利用其批准权控制竞争性选拔规制机构的人选。四是调查控制。党委可行使其调查权防止竞争性选拔规制机构的腐败。

（二）组织部门控制

组织部门是竞争性选拔考评规制机构的直接上峰，可以行使领导权、执行预算权/调查权、使用人事提名权/任免权、利用竞争性选拔工作方案审批权等，对竞争性选拔规制机构尤其是考评规制机构直接实施党务控制。

(三) 纪委监察控制

《党政领导干部选拔任用工作条例》2014年版首次将纪检监察机关有关领导成员列入干部任用工作责任追究对象，也就是说，2002年版条例规定只追究党委（党组）主要领导成员和分管领导成员的责任，而2014年版条例规定还要追究组织（人事）部门和纪律监察机关有关领导成员以及其他直接责任人的责任。实际上加大了纪委监察对竞争性选拔及其规制机构的监控权。当当事人向纪委监察投诉竞争性选拔规制机构时，纪委监察将受理投诉，行使调查权，控制、审理、处罚竞争性选拔规制机构的违规行为。

(四) 社会力量控制

社会力量包括社会团体、新闻媒体、社会民众等，是制衡约束竞争性选拔规制机构的一种有效形式和重要力量，尤其是新媒体（网络）、自媒体（微博）等，通过网友所见所闻的自由叠加，不断充实信息量，不断还原事实真相，提供更深、更翔实的一手信息资源，正发挥着越来越重要的监督作用、反腐作用。

第四节　要素维——竞争性选拔规制方式集成

要素维度即对竞争性选拔风险进行规制所采取的规制方式集成，通过研究、分析如何对竞争性选拔风险进行规制，科学合理设计规制方式集成，为规制目标服务。

本书设置的竞争性选拔规制方式集成是在全面风险管理框架的基础上，依据自我规制与公共规制的有效均衡融合观点，采取一种把公共规制与自我规制结合在一起的融合机制，组合设计自我规制中的程序性规制、实体性规制和公共规制中的社会性规制、经济性规制等四种规制方式，运用过程规制、程序规制，工作指令、操作手册，信息规制、标准规制，激励性规制、威慑性规制等八项规制措施，提高竞争性选拔质量，达到竞争性选拔风险最小化，实现选人用人公信度最大化。竞争性选拔规制方式集成模型如图4—2所示。

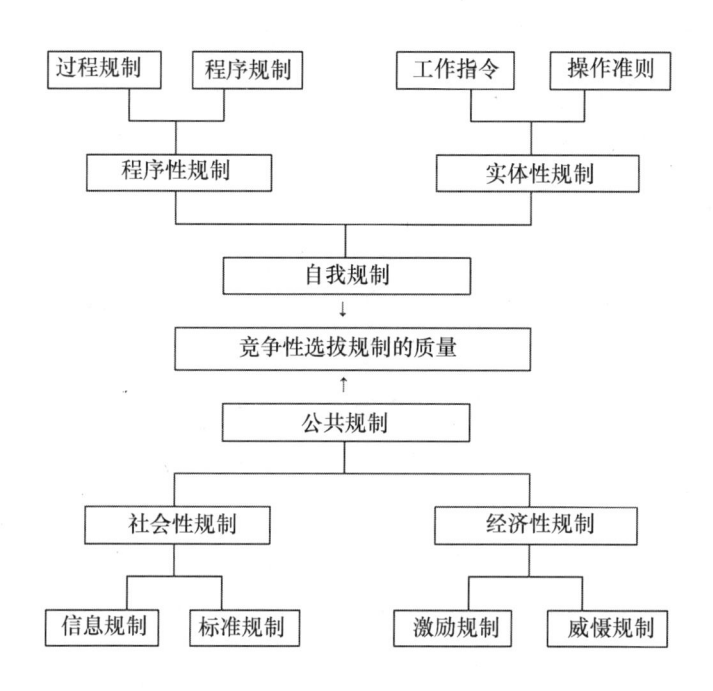

图4—2 竞争性选拔规制方式集成模型

图4—2设置了一个竞争性选拔规制方式的集成模型，在这个集成模型中，以自我规制和公共规制两大规制方式视角同时切入竞争性选拔规制。

一 竞争性选拔自我规制

（一）竞争性选拔自我规制是坚持党管干部原则的题中之意

我国委任制正处于向竞争性选拔制拓展的转型时期，这就为构建、设计、实施竞争性选拔自我规制创造了对象、基础和条件。

首先，在竞争性选拔中坚持党管干部原则，是一个首要问题。要强化竞争性选拔机构承担政治责任，就必须用坚持党管干部原则这根红线这支红笔，设计、构建、实施竞争性选拔自我规制。

其次，实施竞争性选拔（考选委任），意味着要将传统委任制中的直接委任、考察委任的部分领导干部任用权，移交给竞争性选拔机构（包括用人单位），以减少直接委任、考察委任的权力寻租机会，而实施竞争性选拔自我规制，不仅是实施竞争性选拔规制的必需，以防控考选委任的新的寻租机会，而且有利于优化多元化委任制的治理结构体系。

最后，竞争性选拔自我规制不仅与竞争性选拔公共规制并行不悖，而且离不开同样坚持党管干部原则的竞争性选拔公共规制的监督，自我规制从本质上来说是竞争性选拔机构的一种自主行为，而对这种自主行为的有效规范又离不开竞争性选拔公共规制。两大规制方式的并行实施和良性互动，有利于构建、形成、施行两大规制方式的有效融合机制或制度安排。

（二）竞争性选拔自我规制的基本特征

本书第一章竞争性选拔规制理论基础及相关研究现状表明，自我规制方式是以规制机构为主要规制主体，强调规制系统的内部规制。如图4—1所示，竞争性选拔规制三维结构体系的层级维即规制主体，包括党委政府组织、纪检监察机关、组织人事部门、选拔专业机构。在这四类规制主体中，自我规制主要发生于或运用于后两类机构，即自我规制机构主要是指组织人事部门（任免机构）和选拔专业机构，尤其是指选拔专业机构。选拔/任免机构自我规制的基本特征可归纳为如下几点：

其一，选拔/任免机构既是规制主体也是规制对象。

其二，选拔/任免机构强调系统内部的自我规制。从性质上讲，党委规制和纪检监察规制都是一种"外部视角"的"外部规制"、公共规制，党委规制运用党纪国法规制方式，强调党纪国法的指令，以选拔/任免权的设定，规范选拔/任免权的行为方式；纪委监察规制强调对选拔/任免权的行使进行普遍监督；而选拔/任免机构规制则强调系统内部的自我规制。

其三，选拔/任免机构的自我规制既有监督也有激励。选拔/任免机构通过规范性文件解释、分解、细化竞争性选拔相关条例、规定，设立裁量基准，监督机制、激励机制等，以规范和引导选拔/任免权的合法合理行使。

其四，选拔/任免机构的自我规制，并非排除而是必须依赖于党委规制和纪委监察规制。

其五，超越形式法治的实质法治是自我规制所追求的目标。选拔/任免机构不仅限于不越过党委规制和纪委监察规制所确立的"党纪国法"红线，还追求竞争性选拔公开、平等、竞争、择优的实质性合法要求，努力实现"合法"与"竞优"、"依法选拔"与"公平竞优"、"不越雷池半步"与"公平竞优"的有机统一。

(三) 竞争性选拔程序性自我规制

竞争性选拔程序性自我规制主要是指选拔/任免机构为确保选拔/任免职能的规范履行而制定的与竞争性选拔过程和程序相关的规范。

对竞争性选拔过程的规制，主要通过信息公开、公众参与、专家咨询、成本收益分析、风险评估等机制，开放竞争性选拔决策过程；对竞争性选拔程序的规制，主要通过竞争性选拔组织领导与机构设置、方案制定、公告发布、报名与资格审查、考试考务组织实施、组织考察（民主测评）、公示/任用、纪律与监督、数据统计和文件归档等环节，严格规范竞争性选拔工作的组织实施。

当竞争性选拔程序性自我规制规范可以根据发生效力的范围或程度的不同，将其分为三种不同效力的竞争性选拔程序性自我规制规范。这也同样适合于下文所谈到的竞争性选拔实体性自我规制规范。

完全对内发生效力的竞争性选拔自我规制规范。如《关于表扬分题库建设机构及相关人员的通报》、《笔试试卷及参考答案标准格式说明》和《面试试卷标准格式说明》等规范性规定均不对外发生效力。

间接对外发生效力的竞争性选拔自我规制规范。如规制机构设置的竞争性选拔工作人员、考官持证上岗制度。当工作人员、考官未按照要求持证上岗，委托单位、用人单位和领导人选有权拒绝其竞争性选拔行为。

直接对外发生效力的竞争性选拔自我规制规范。如竞争性选拔信息公开、公众参与、发布公告等，既是内部的工作规则，也是涉及领导人选利益、需公众广泛知晓的事项，尤其包括选拔风险、选拔质疑等，均应向社会公开。

（四）竞争性选拔实体性自我规制

竞争性选拔实体性自我规制规范，主要包括针对内部工作人员的竞争性选拔工作指令（行为规范）和操作性准则。

如《全国领导干部选拔考试通用题库分题库工作手册》，不仅规定了通用题库工作人员行为规范：围绕大局，热情服务；规范管理，严谨细致；及时更新，保证质量；严格保密，提高效率；技术一流，保障有力。还规定了通用题库保密工作"八严禁"：严禁"跑风漏气"、泄露试题试卷等有关保密信息；严禁在非保密场合谈论与题库系统相关技术、试题试卷等有关保密内容；严禁私自复制或携带试题试卷等有关保密资料；严禁在业务工作场所接待因私来访人员；严禁使用存有试题试卷等涉密信息的计算机登录互联网；严禁工作用移动存储介质在内、外网计算机之间交叉使用、非工作用移动存储介质接入工作用计算机；严禁未经批准参与或授意他人进行与领导干部选拔考试有关的培训辅导工作；严禁未经批准参与编写、出版与领导干部选拔考试有关的辅导用书及资料。

操作性准则包括竞争性选拔机构自己制定的内部指导手册，如《党政领导干部公开选拔和竞争上岗考试测评工作指导手册》（2010年版），其主要内容是解析政策、总结经验、提供范例、明确应注意把握的环节和问题等,以指导竞争性选拔工作人员制订科学合理的工作方案并公正严密地组织实施。

二 竞争性选拔公共规制

(一)竞争性选拔公共规制的重要性

竞争性选拔具有垄断竞争性质,同时领导职位本身也具备准公共物品的特性,因此,应用公共规制理论来研究竞争性选拔风险问题,既能够反映出当前竞争性选拔普遍存在的问题,又能够为竞争性选拔失灵、选拔风险的规制分析提供理论依据,对领导干部竞争性选拔的健康发展具有重要意义。

1. 选拔失灵

在委任制向竞争性选拔制的拓展过程中存在着一般意义上的信息不对称、外部性等竞争性选拔失灵。由于竞争性选拔领导人选的质量与领导职位效能、优质领导人选利益和公众福利紧密相关,竞争性选拔领导人选质量风险会直接危害职位的效能、优质领导人选的胜出和公众福利,存在着质量风险的竞争性选拔领导人选的任用就具有极强的外部不经济特征。领导职位作为一种稀缺公共资源没有排他性却有激烈的竞争性,使之可能成为负外部性的多发地带,甚至造成"公地悲剧"(未受规范的公地之悲剧)或曰"公有资源的灾难"。

2. 信息不对称

在竞争性选拔全过程中,信息呈高度不对称状态:(1)选拔领导人选时,参与竞争者/考官与竞争性选拔机构、竞争性选拔机构(包括考官)与组织人事部门之间的信息不对称;(2)任用领导人选时,党委政府与组织人事部门及竞争性选拔机构之间的信息不对称;(3)使用领导人选时,用人单位和群众与组织人事部门之间关于竞争性选拔领导人选质量方面的信息不对称,等等。从而降低了领导职位及其人选资源配置效率。信息不对称将造成领导干部竞争性选拔中的逆向选择与道德风险。

3. 逆向选择

信息不对称往往引发领导干部竞争性选拔中的逆向选择，导致"劣胜优汰"，即劣质领导人选驱逐优质领导人选，造成竞争性选拔领导人选平均质量下降的现象。类似所谓的"劣币驱逐良币"，坏车使好车不能成交，低质量的项目使得高质量的项目无法得到融资，高水平的学者争不过低水平的学者，等等。逆向选择意味着潜在的帕累托效率没有办法实现，本质上也是一个囚徒困境问题。竞争性选拔民主推荐与民主测评中逆向选择的存在将产生过多的靠拉票等不正当竞争手段而获胜的低质量领导人选，危害竞争性选拔领导人选质量，组织任用和用人单位无法分析获胜领导人选质量的合格与否，导致组织任用和用人单位领导职位效用降低，引起领导职位及其人员资源配置的扭曲。

4. 道德风险

领导干部竞争性选拔中的道德风险是指选拔机构、考官/评委、领导人选参与者利用其信息优势的地位，在选拔中采取组织人事部门、用人单位、纪检监察机构无法观测或监督的隐藏式行为，造成组织人事部门、用人单位在领导职位及其人员任用方面的效用下降。由于选拔机构、考官/评委、领导人选参与者容易利用虚假信息进行欺骗，以实现自身利益最大化的目的，当组织人事部门、用人单位对领导人选任用时，很难辨别竞争性选拔领导人选的质量。

(二) 竞争性选拔社会性规制

1. 社会性规制的功能

社会性规制以纠正市场失灵、改进资源配置效率为目的。领导干部竞争性选拔关系到选人用人公信度、社会安全稳定和公众利益，而领导干部竞争性选拔风险问题又极大地威胁到公众利益，因此，有必要合理运用社会性规制理论的规制工具，充分发挥社会性规制的功能：一是改善领导干部竞争性选拔的信息不对称；二是减少领导干部竞争性选拔的负外部性。通过建立健全领导干部竞争性选拔党纪法规，发布与领导干部竞争性选拔及其风险相关的指南文件，发布有效规制领导干部竞争性选拔行为的法规与指南文件，充分发挥社会性规制的力量，有效降低领导干部竞争性选拔过快发展带来的负外部性，引导领导干部竞争性选拔健康发展，提高规制效率和选拔效能，维护选人用人公信度。

2. 信息规制

竞争性选拔社会性规制主要包括信息规制和标准规制。竞争性选拔信息规制是指规制机构利用信息的公共供给，以纠正竞争性选拔风险和相关的选拔信息不完全和信息不对称引起的选拔失灵。信息是一种公共产品，由政府提供信息效率更高。竞争性选拔信息规制的主要方式是强制披露，即强迫选拔机构提供有关选拔服务质量、领导人选评价等方面的信息。信息规制对于选拔机构，既不强制其增加成本，也不干扰其选拔的正常运行。W. 吉帕·维斯库斯等认为使用信息规制优于命令和控制管制的原因有两个方面①：

第一，对某些行为，在具备充要条件才下禁令之前，规制机构通过发布信息告诫消费者采取谨慎的态度。

第二，甚至当机构怀疑行动的内容是否合适时，通过信息管制也是最恰当的反应。如果由于个人的品位而愿意承担风险，那么提供给消费者的信息也将有利于消费者作出决策。

竞争性选拔信息规制的另一个重要方式是风险沟通。竞争性选拔风险沟通贯穿于竞争性选拔信息规制全过程，是与信息规制各环节不断沟通、反复沟通的过程。这是因为信息规制是一种反复评价、不断改善的规制模式，这一模式使规制水平呈螺旋式的上升趋势。由于竞争性选拔风险的发生势必严重影响选人用人公信度，因

---

① ［美］W. 吉帕·维斯库斯：《反垄断与管制经济学》，陈甬军等译，机械工业出版社2004年版。

此，竞争性选拔风险沟通的最主要目标是以精准内容"超速"时间消除风险影响。根据这一"政治性"目标，竞争性选拔风险沟通方式选择采用轮式沟通网络①是最为有效的沟通方式。1个规制主体向 N 个沟通者——规制机构、选拔测评机构、考官队伍、参选客体、用人单位、公众和媒体等，同时超速发布传递精准的信息内容。

3. 标准规制

竞争性选拔标准规制主要通过制定不同的绩效标准和技术标准，并强制执行这些标准，以实现竞争性选拔优质领导人选的目的。为保证标准得以贯彻实施，对不遵守标准的选拔机构进行惩罚不可或缺。所以，标准控制与惩罚制度必须同时制定与实施，这也体现了公共规制的强制性。

竞争性选拔绩效标准是指对选拔机构制定统一的控制目标，但在目标的实现问题上给选拔考试测评机构一定的自由度。也就是说它代表的是一个最终结果，至于如何达到这个结果由选拔考试测评机构自由选择。考试测评信度效度标准就是一种绩效标准，规制机构只设定考试测评信度效度的下限，至于如何达到这个标准由选拔考试测评机构自由选择。竞争性选拔绩效标准还包括许多其他类型，如难度、区分度，题库每年更新率等都属于绩效指标。

竞争性选拔技术标准是指要求选拔机构必须采用一定的选拔工具、技术或措施来配合规制，通常包括竞争性选拔设计标准和竞争选拔实施标准。如要求考试测评前必须进行工作分析、题库建设标准（设备标准）等。技术标准和绩效标准存在着根本的区别，竞争

---

① 风险沟通信息的纵向和横向流动集合而成的各种形态称作沟通网络。网络中，信息按照正式的指挥链流动，主要的沟通网络类型有五种：链式沟通网络、Y 式沟通网络、轮式沟通网络、环式沟通网络、全通道式沟通网络。各沟通网络类型的评价标准不一，效果也不一，如何选择沟通网络取决于沟通的具体目标（参见［美］Stephen P. Robbins, Mary Coulter 著：《管理学》第 7 版，孙健敏等译，中国人民大学出版社 2004 年版，第 305—306 页）。

性选拔绩效标准依据绩效指标设定一个上限或下限，然后允许选拔机构自由选择其最佳的方式来达到这项标准；而竞争性选拔技术标准则是规制机构要求选拔机构必须采纳某项建议，或采用某种技术，或购买某种设备等。从公共规制的程度看，技术标准严于绩效标准。

(三) 竞争性选拔经济性规制

对竞争性选拔风险的经济性规制主要包括激励性规制和威慑性规制。对竞争性选拔风险的经济性规制，其主要目的就是通过激励性规制和威慑性规制，一方面，激励竞争性选拔机构选拔优质领导人选；另一方面，对竞争性选拔机构和竞争者可能作出的违法行为实施威慑，最大限度维护选人用人公信度。

1. 激励性规制

由于领导人选属于经验品；领导人选的竞争性选拔属于垄断竞争；竞争性选拔考试测评机构具有垄断特征但也存在挤出效应。因此，可以运用激励规制理论中的质量规制工具，如公共物品中经验品模型[①]研究成果，设计竞争性选拔经济性规制方式中的激励性规制。

竞争性选拔激励性规制方式，主要是通过低强度激励方案、成本补偿原则、技术创新激励（如加速选拔技术设施的折旧）、声誉资质激励和价格/税收激励等措施（包括利用"价格"来纠正外部性），激励选拔机构的行为动机，而不是仅仅通过明确的控制标准来约束选拔机构的行为。激励性规制的设计设置可以使选拔机构在追求自己利益的过程中，关注选拔设计的质量，选拔优质领导人

---

① 质量规制理论通过对公共物品中经验品模型的研究，如拉丰的质量规制理论设置了一个生产产品的两期模型，得出的结论是：当未来且质量很重要时，需对企业实施低强度激励方案（成本补偿原则，可以解决企业既要提高质量又要降低成本这两个相互冲突的目标）；在信息不对称条件下，(1) 可以在考虑参与约束和激励相容两个因素影响下，求得社会福利最大化的最优解，(2) 当激励强度与信息租金之间的权衡达到均衡时，激励合同的实施能够达到帕累托次优状态（参见［法］让·雅克·拉丰、让·梯若尔《政府采购与规制中的激励理论》，石磊、王永钦译，上海人民出版社2004年版）。

选,降低选拔风险的发生率,实现竞争性选拔公共规制的目标,取得良好的政治效益和社会效益。

2. 威慑性规制

威慑性规制方式是法经济学威慑理论在竞争性选拔经济性规制中的具体应用。综合借鉴 Polinsky、Shavell[①],Cooter[②],奥格斯[③],杨晓维、张云辉[④],赵亚杰[⑤]和林琳[⑥]等研究成果,竞争性选拔经济性规制中的威慑性规制的设计思路,从竞争性选拔(1)违法者的行为、(2)执法者的行为和(3)社会净福利三方面分析入手。

(1) 设:p—被抓获的概率(进行竞争性选拔违法行为[⑦]时被发现的概率)

$R_{违}$—违法所得到的收益

$C_{违}$—实际违法成本

$C_{被抓}$—被抓获的成本

F—被抓后需支付的罚金

λt—被抓获后可能面临的监禁,其中:

---

① Polinsky, A. M., Shavell, Steven: Enforcement Costs and the Optimal Magnitude and Probability of Fines, *Journal of Law and Economics*, 35: 1, 1992, pp. 133 – 148.

② Cooter, Robert, *Thomas Ulen*: Law and Economics, 5th Edition, Boston San Francisco, New York: Pearson Education Inc., 2007.

③ [英] 安东尼·奥格斯:《规制:法律形式与经济学理论》,骆梅英译,苏苗罕校,中国人民大学出版社 2008 年版。

④ 杨晓维、张云辉:《从威慑到最优执法理论:经济学的视角》,《南京社会科学》2010 年第 12 期,第 16—23 页。

⑤ 赵亚杰:《论法经济学分析范式的传承与分野》,《行政与法》2010 年第 12 期,第 113—121 页。

⑥ 林琳:《药品质量风险规制研究》,沈阳药科大学博士学位论文,2011 年。林琳、李野、杨悦:《基于法经济学的药品质量风险规制研究》,《中国新药杂志》2012 年第 21 卷第 5 期,第 478—480 页。

⑦ 违法者实施违法行为时,对风险采取的态度包括三种:风险规避、风险中性和风险偏好。风险态度是指一个人在承受风险的情况下其偏好的特征,用来测量人们对所面临的风险进行支付的意愿。本书在研究采用党纪法规手段规制竞争性选拔质量风险时,假设违法者是风险中性的,即违法者在面临有可能被抓获的风险时,其对这一风险没有特别的偏好,也没有特别的厌恶,愿意付出一定的代价去获取有可能得到的高额回报。

λ—监禁的负效用，t—监禁时间

μ—违法信息披露后由于不利影响带来的一切损失（如降职降级降薪甚至双开等）和其他未知成本之和

且：$C_{违} = pC_{被抓}$

$C_{被抓} = F + \lambda t + \mu$

一般来说$\lambda t + \mu$相对较小，要增加$C_{被抓}$，须提高 F（执法成本和检测监测技术有限时），威慑才可能达到理想效果；

如 p 较小，则 1 - p 即未被抓获的违法者增多，且屡禁不止；

显然，提高$pC_{被抓}$，即增大 p 或增加$C_{被抓}$，且随着$R_{违}$的增加而增大或增加，则$pC_{被抓} > R_{违}$

当$pC_{被抓} > R_{违}$成立时，个体违法行为数量减少，总体违法行为降低。

（2）设：$C_{执}$—执法成本（产生于执法部门规制竞争性选拔违法行为的过程）

$R_{执}$—执法收益

C_0—固定执法成本（检查违法行为的成本，不随违法行为数量的变化而变化）

$C_{可变}$—可变执法成本（对违法行为的起诉、监禁成本等，随违法行为数量的变化而变化）

且$C_{执} = C_0 + C_{可变}$

p 随$C_{执}$的增大而增大

当 p = 0 时，所有$R_{违} > 0$的违法行为将发生

当$pC_{被抓} < R_{违}$时，将以 p 的概率惩罚违法行为

仅当$C_{执} < R_{执}$时，执法行为才有意义

当$pC_{被抓}$从 0 增加时，$C_{执}$与$R_{执}$都增加；随着 p 下降，$R_{执}$下

降，$C_{执}$上升；最后，$MC_{执} = MR_{执}$时，达到最优威慑效应①。如图4—3所示。

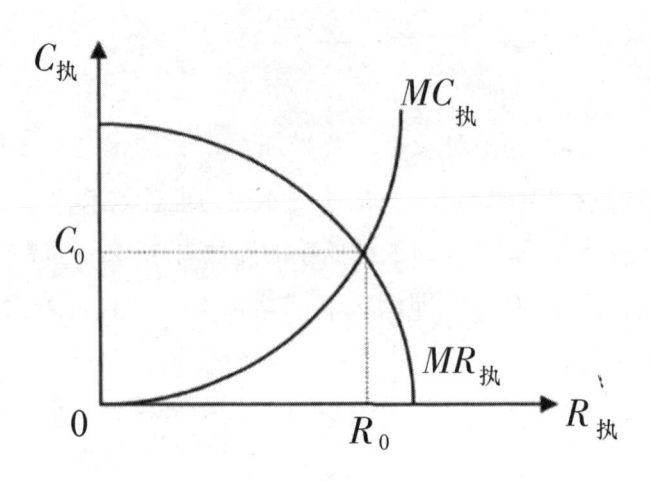

图4—3 最优威慑效应曲线

(3) 设：W—社会净福利

S—福利损失（违法行为给社会/用人单位带来的损害）

α—$C_{被抓}$转变为社会成本的系数

且 $W = R_{执} - C_{执}$

$R_{执} = R_{违} - S$

$C_{执} = C_{可变} + C_0$

那么，$W = (R_{违} - S) - (C_{可变} + C_0) = (R_{违} - S) - (\alpha p C_{被抓} + C_0)$

---

① 法经济学最优威慑理论认为，只有使资源配置位于均衡状态时，法律制度才会实现效用的最大化。即当执法的边际成本等于边际收益时，达到最优威慑效应，此时，社会资源配置效率处于均衡状态。法经济学以交易费用理论为基础，最终目的是设置一个使资源配置效率最大化的机制，即保证社会福利的最大化。在竞争性选拔规制过程中，党委政府承担风险损失时会产生成本，例如对竞争性选拔违法行为实施执法过程中产生的执法成本。只有减少执法成本，使党纪法规制裁的效果达到执法的边际成本等于边际收益这一点上，党纪法规规制才会达到最优威慑效应，即最优惩罚水平，使社会净福利最大化、达到最大值。

其中，执法技术越高，α 越小，$C_{可变}$ 越小，p 越大。

总之，对竞争性选拔风险的党纪国法威慑规制，当 $MC_{执}$ = $MR_{执}$ 时，社会净福利最大化，增大 $C_{被抓}$ 和提高 p 是规制竞争性选拔风险的两种有效方式。

第五节 本章小结：规制三维矩阵

第一，在明确规制体系构建的基本思路和基本原则的基础上，构建了全面风险管理框架下的竞争性选拔规制三维结构体系，并研究其实现的方式。目标维即规制的目标及立法，层级维即规制主体机构，要素维即规制方式集成。

第二，目标维度。竞争性选拔规制目标是建立竞争性选拔规制体系的基础，建立竞争性选拔规制体系的目的就是为了有效地实现竞争性选拔规制的目标。目标维力求实现以下四种类型的目标：使命目标——高层次目标，与完善领导干部队伍建设的竞争性选拔使命相关联并支撑其使命；运行目标——设置一个使领导职位及其人选资源配置效率最大化的风险规制机制，以有效和高效率地使用领导职位及其人选资源；质量目标——降低竞争性选拔风险的同时，提高竞争性选拔质量的可靠性；合规目标——符合竞争性选拔规制立法原则和党纪法规的要求。竞争性选拔规制立法（党纪法规）是实施竞争性选拔规制的基本依据，竞争性选拔党纪法规赋予了竞争性选拔规制的合法性，并从总体上规定了竞争性选拔规制的目标和竞争性选拔规制的主体。

第三，层级维度。层级维度即规制主体的规制机构，各级党委政府组织、纪检监察机构、组织人事部门、专业选拔机构等规制机构坚持规制的目标，根据规制方式来开展竞争性选拔风险规制活动。规制机构具有权威性、专业性、独立性等特征。由于竞争性选拔规制行为是一种集制定规制或准规制、裁决争端和信息收集、监督检查规制的执行于一体的规制行为，具有权威性，又由于竞争性选拔规制机构拥有很大的自由裁量权，极有可能导致规制权的滥用。因此，必须对竞争性选拔规制机构的规制行为给予相应的制衡。对竞争性选拔规制机构行为的制衡主要来自党委控制、组织部门控制、纪委监察控制和社会力量控制等。

第四，要素维度。要素维即规制方式集成。竞争性选拔规制方式集成，依据自我规制与公共规制的有效均衡融合观点，采取一种把公共规制与自我规制结合在一起的融合机制，组合设计自我规制中的程序性规制、实体性规制和公共规制中的社会性规制、经济性规制等四种规制方式，运用过程规制、程序规制，工作指令、操作手册，信息规制、标准规制，激励性规制、威慑性规制等8项规制措施，提高竞争性选拔质量，达到竞争性选拔风险最小化，实现选人用人公信度最大化。要素维度设置了一个竞争性选拔规制方式的集成模型，在这个集成模型中，以自我规制和公共规制两大规制方式视角同时切入竞争性选拔规制。

竞争性选拔自我规制是坚持党管干部原则的题中之意，它具有追求超越形式法治的实质法治等基本特征。竞争性选拔程序性自我规制主要是指选拔/任免机构为确保选拔/任免职能的规范履行而制定的与竞争性选拔过程和程序相关的规范。竞争性选拔实体性自我规制规范，主要包括针对内部工作人员的竞争性选拔工作指令（行为规范）和操作性准则。

竞争性选拔公共规制对于规制竞争性选拔中的选拔失灵、信息不对称、逆向选择和道德风险均具有重要作用。竞争性选拔公共规制主要包括社会性规制和经济性规制。

竞争性选拔社会性规制的功能，一是改善竞争性选拔的信息偏在；二是减少竞争性选拔的负外部性。竞争性选拔社会性规制主要包括信息规制和标准规制。竞争性选拔信息规制是指规制机构利用信息的公共供给，以纠正竞争性选拔风险和相关的选拔信息不完全和信息不对称引起的选拔失灵。竞争性选拔标准规制主要通过制定不同的绩效标准和技术标准,并强制执行这些标准,以实现竞争性选拔优质领导人选的目的。从公共规制的程度看,技术标准严于绩效标准。

竞争性选拔经济性规制主要包括激励性规制和威慑性规制。一方面,激励竞争性选拔机构选拔优质领导人选;另一方面,对竞争性选拔机构和竞争者可能作出的违法行为实施威慑规制,最大限度维护选人用人公信度。

第五章　竞争性选拔规制改革建议

目前我国干部委任制正处在向竞争性选拔制拓展的进程之中，民主推荐与民主测评中的推荐贿选拉票、不规范考试与测评的泛滥、考察失真失实、频繁发生的竞争性选拔风险事件对选人用人公信度造成了极大的伤害，不利于传统委任制向荐举委任制进而向考选委任制（竞争性选拔制）的良性拓展，不利于委任制的完善。要完善委任制，实现传统委任制向现代委任制的良性拓展，就必须改革竞争性选拔规制。

第一节　竞争性选拔规制改革取向

竞争性选拔规制体系已初步建立，改革的取向应是进一步强化竞争性选拔规制，提高竞争性选拔规制的质量和效率（效能），更好地改善领导队伍建设质量，提高选人用人公信度和公共利益。强化竞争性选拔规制是"竞争性选拔规制评估与改革阶段"的必然选择，控制竞争性选拔风险的有效手段，优化竞争性选拔制的必然要求，完善委任制的必然取向。

一　完善委任制

委任制是我国领导干部选拔任用制度的基础性制度。竞争性选拔是委任制拓展创新的产物，具有双重性：一方面具"赛马"竞争性；另一方面仍具"相马"委任性。竞争性选拔既属于委任制系统中的一个新种类，又包含了委任制系统中的所有委任形式——荐举委任、考察委任、任命任用（直接委任）。竞争性选拔制是委任制的全息缩影版。因此，对竞争性选拔规制的系统改革，将不可避免地涉及委任制对竞争性选拔的规制"重构"；而对竞争性选拔的规制"重构"，也将为进一步完善委任制提供新的思路和方式，对于理性地把握委任制改革，具有重要价值。

目前正处于传统委任制向竞争性选拔制的拓展过程中，竞争性选拔制初步确立，但尚不完善。竞争性选拔从试验推广到作为领导干部选拔任用方式之一，还不一定成熟，发展也不均衡，还存在较大风险。是将竞争性选拔制被挤出委任制，还是将传统委任制融入竞争性选拔制？这个问题或将横空出世。在传统委任制向竞争性选拔制的拓展过程中存在着两类风险：一是选拔风险；二是选拔规制风险。传统委任制向竞争性选拔制的拓展，本质上也是一种制度的并轨转型。制度的演进性特点决定了制度的形成带有渐进的特点。传统委任制向竞争性选拔制的拓展并轨转型，采取了渐进的方式，在竞争性选拔制逐渐生成过程中，传统委任制与竞争性选拔制的摩擦和制度性缺失同时并存。大量的选拔风险正是来源于这种"摩擦"和"缺失"所导致的选拔规制风险。委任制掌握着竞争性选拔制度供给上的主动权。因此，施行竞争性选拔规制改革，是传统委任制向竞争性选拔制拓展并轨转型的必然选择，是完善委任制的必然取向。

二 丰富健全党规国法

党规是党内法规的简称。毛泽东早在1938年的《中国共产党在民族战争中的地位》一文中首次提出党内法规的概念："须制定一种较详细的党内法规，以统一各级领导机关的行动。"此后，党内法规这一概念写入了党章及党的其他重要文献中①。1978年12月，邓小平在《解放思想，实事求是，团结一致向前看》一文中指出："国要有国法，党要有党规党法。党章是最根本的党规党法。没有党规党法，国法就很难保障。"② 邓小平的科学论断，第一次鲜明地把党规党法与国法联系起来，指出党规党法对国法的保障作用。

2012年6月，中央批准印发《中共中央办公厅关于开展党内法规和规范性文件清理工作的意见》。2013年5月，中央批准发布党内"立法法"——《中国共产党党内法规制定条例》、《中国共产党党内法规和规范性文件备案规定》。2013年11月中央印发《中央党内法规制定工作五年规划纲要（2013—2017年）》，纲要对党内法规制定工作进行统筹安排，确定了一批党内法规重点制定项目。2014年1月中央印发新修订的《党政领导干部选拔任用工作条例》和《关于加强干部选拔任用工作监督的意见》，使党内法规尤其是竞争性选拔相关法规进一步健全。

健全竞争性选拔党纪国法体系是强化竞争性选拔规制的价值取向之一。应坚持立法创新与动态原则、遵循动态的法律制度③，在保持《党政领导干部选拔任用工作条例》稳定的同时，强化竞争性选拔规制改革，坚持竞争性选拔规制立法创新，不断丰富健全上位法，如《公务员法》中有关领导干部晋升的规定，《党政领导干部选拔任用工作条例》中有关公开选拔和竞争上岗的规定，以及《党政领导干部公开选拔工作暂行规定》和《党政机关竞争上岗工作暂行规定》等。实践表明，当竞争性选拔出现风险隐患时，由

---

① 盛若蔚：《党内法规建设规范化程序化的制度保障——解读公开发布的两部重要党内法规》，《北京支部生活》2013年第6期，第14—17页。
② 《邓小平文选》第2卷，人民出版社1994年版，第147页。
③ 遵循动态的法律制度，即党纪国法体系相对稳定，通常不作变动，因此其对细节的规定较少，这样可以不必对党纪国法进行频繁的修改；而它的动态原则是通过随时发布相关竞争性选拔指南文件来要求并督促人们的行为。

于竞争性选拔规制内容方面的缺失，找不到相关的法规依据，往往使风险隐患逐步严重化，甚至引发领导干部竞争性选拔风险事件。因此，在保障上位法的权威性、严肃性、威慑性的同时，不断改革上位法的执行力和可操作性，健全竞争性选拔党规国法体系，丰富竞争性选拔党规国法内容，是强化竞争性选拔规制改革的必然取向。

三 提高选人用人公信度

改革至今，还未完全实现竞争性选拔的制度要求，改进完善竞争性选拔健康发展的制度规制体系比较脆弱，还存在较大风险。竞争性选拔风险是不以人的意志为转移的客观存在。领导干部竞争性选拔具有典型的信息不对称、负外部性等特征，呈高风险状态。领导职位作为一种稀缺公共资源没有排他性却有激烈的竞争性，使之可能成为负外部性的多发地带，甚至造成"公地悲剧"（未受规范的公地之悲剧）或曰"公有资源的灾难"。现阶段竞争性选拔风险仍然高企，将造成竞争性选拔领导人选平均质量下降、组织任用和用人单位领导职位效用降低，引起领导职位及其人员资源配置的扭曲，且势必导致竞争性选拔声誉风险。声誉风险包括竞争性选拔公信力的波动，领导人选质量风险导致的声誉变化，以及选人用人公信度。只有对竞争性选拔风险进行有效的规制，才能够为竞争性选拔提供一个良好的发展环境，防止竞争性选拔风险对领导干部队伍建设和公众福利造成威胁。竞争性选拔规制改革对策的设置，不仅是从政治经济上促进领导人员队伍建设健康发展的需要，也是从制度上维护公众利益的需要。因此，深化竞争性选拔规制改革，必然是确保领导人员队伍建设的健康发展，提高选人用人公信度和公众利益的价值取向所在。

第二节　竞争性选拔规制改革路径

强化竞争性选拔风险规制，提高竞争性选拔风险规制的质量和效能，更好地改善领导干部队伍建设质量、选人用人公信度和公共利益。要提高竞争性选拔风险规制的质量和效能，必须进一步完善竞争性选拔风险规制体系。根据本书前面几章的论述，即竞争性选拔规制理论述评、竞争性选拔规制变迁分析、竞争性选拔风险及其规制风险辨识、竞争性选拔规制体系构建等，结合改革开放 30 多年来领导干部竞争性选拔规制的经验教训及存在的问题，竞争性选拔规制改革路径的选择，可以考虑从以下几方面入手。

一　积极应对竞争性选拔风险的挑战

委任制向竞争性选拔制拓展，同时，竞争性选拔风险给传统的委任制带来一系列挑战，其中，最为主要的有四个方面。

一是"不确定性"的挑战。传统的委任制所欲规范的领导人选任免决策基本定位于"面向确定的决策"。也正因为如此，无论是针对普遍干部人事事项的党务决策（如规则政策制定），还是就具体干部人事问题作出的党务决策（如领导干部任免），都被要求：有明确认定的领导人选；有较为确定的规则政策依据；为干部队伍的稳定性提供信赖保护和合理期待；等等。然而，竞争性选拔及其规制决策面向的是更多的不确定性。虽然这些不确定性还不至于完全颠覆委任制为保证干部人事有效负责而提出的一系列基本要求，但是，在竞争性选拔风险规制领域，这些基本框架的意义显然要得到新的诠释。

二是"主观性"的挑战。风险的主观性与不确定性密切关联①。知识的不确定性越高，其价值主观性就越强。但是，主观性又具有其独特的意义。竞争性选拔风险既具有社会现实性，同时又具有主观建构性。在统计学意义上，竞争性选拔风险是某类事件造成破坏或伤害的可能性或概率；而在主观认知方面，风险则是对某类危险性的辨认和识别②。例如，同样是垃圾焚烧厂或高压线路，距离远近不同的群体会有不同的风险建构。更何况，在竞争性选拔及其规制领域，其科学和技术的客观性还无法得到保障。更有甚者，甚至因林林总总的"需要"而弱化乃至牺牲竞争性选拔及其规制的科学性③。因此，对其主观性的评价，更是仁者见仁、智者见智。

  三是"网络化"的挑战。从风险的范围和规模来看，处在非网络化时代的传统委任制，其领导人选任用风险的影响主要是局部性的。网络化不仅增加了风险来源，而且还放大了风险影响，更加剧了风险潜在后果④。因此，网络化使得竞争性选拔风险的潜在后果不可计算无法估量，其危害将超出以往人们的想象力。从风险的复合程度来看，竞争性选拔的局部性风险可能复合为社会性风险；单一风险主体可能复合为多重风险主体；单一风险后果可能复合为多重风险后果；职位风险可能复合为政治风险⑤。网络化挑战，令人棘手。

---

① 沈岿：《风险规制与行政法新发展》，法律出版社2013年版。
② 杨雪冬：《全球化、风险社会与复合治理》，《马克思主义与现实》2004年第4期，第59—75页。
③ 贝克就曾指出："为了处理文明风险的问题，科学总是要放弃它们的实验逻辑的根基，而与商业、政治与伦理建立一夫多妻制的联系——或者更确切地说，结成一种'没有证书的永久婚姻'。"参见［德］乌尔里希·贝克《世界风险社会》，南京大学出版社2004年版。
④ 杨雪冬：《全球化、风险社会与复合治理》，载李程伟《公共危机管理：理论与实践探索》，中国政法大学出版社2006年版，第69页。
⑤ 庄友刚：《风险社会理论研究述评》，《哲学动态》2005年第9期，第59—64页；赵鹏：《风险社会的自由与安全——风险规制的兴起及其对传统行政法原理的挑战》，《交大法学》2011年第2期，第43—60页。

四是"制度化"的挑战。竞争性选拔制度性风险，是竞争性选拔及其相关制度本身引发的"制度化"风险。"制度化"风险，既可能是由于竞争性选拔及其相关制度不完备甚至缺失而引发的风险，也可能是由于竞争性选拔制度设计错误或不能完全适应政治经社会背景而引发的风险，更可能是由于有效的竞争性选拔制度未能落实而引发的风险，甚至进一步放纵已发现的制度性风险和非制度性风险。制度本是为规制非制度性风险而作出的制度性安排，对非制度性风险具有正向的规制阻抗作用，但如果制度有缺陷或非制度性风险钻制度的空子，则制度对非制度性风险又具有负向的规制失控作用，甚至具有释放、激发、放大作用。

面对上述挑战，会产生两种截然相反的风险观[①]，形成两种截然相反的应对策略：另一种是消极的风险观及其应对策略；一种是积极的风险观及其应对策略。

消极的风险观及其应对策略。在风险观上强调损害本身。认为领导干部竞争性选拔风险必然转化为损害，并将扩展到整个领导干部队伍乃至全社会。或不知所措，采取消极等待观望的态度；或有疑虑，担心改革开倒车、走回头路；或简单地从一个极端走向另一个极端。但最大的风险则是不改革。在应对策略上主要采取"回避策略"。例如，2013年全国组织工作会议之后，尤其是2014年版《党政领导干部选拔任用工作条例》颁布之后，有的地方和部门在适应竞争性选拔从"泛用趋势"转向"慎用趋势"、摒弃片面追求"三分之一"硬性数量指标的同时，却开始采取回避策略、拒绝策略，甚至"杜绝"竞争性选拔。

积极的风险观及其应对策略。在风险观上更加注重损害发生的可能性。认为竞争性选拔风险反映了损害发生的可能性，反映了对

---

① 赵鹏：《风险社会的自由与安全——风险规制的兴起及其对传统行政法原理的挑战》，《交大法学》2011年第2期，第43—60页。

未来预测的可能性，这种可能性即概率是竞争性选拔决策的依据之一。既可以选择回避风险避免损害，也可以选择承担风险而获取某种收益①。在应对策略上，主要采取"面对策略"。例如，有的地方和部门在适应竞争性选拔从"泛用趋势"转向"慎用趋势"、摒弃片面追求"三分之一"硬性数量指标的同时，自觉采取面对策略、规制策略、治理策略。在遵循《党政领导干部选拔任用工作条例》宏观规制治理的同时，积极创新《党政领导干部选拔任用工作细则》微观规制治理，如职位分类规制治理、选拔机构独立性规制治理、风险规制治理方式集成等。

二 建立规制有效性的竞争基础

竞争性选拔规制有效性的基础或前提：一是竞争的存在，竞争性选拔方式的存在；二是竞争在配置领导职位及其人选资源中起基础性甚至决定性作用。正如前述所言，在面对竞争性选拔风险给传统的委任制带来的"不确定性""主观性""网络化""制度化"挑战时，如果持有消极风险观并采取回避策略、拒绝策略，甚至"杜绝"竞争性选拔，那么，竞争性选拔规制有效性的基础或前提将不复存在。因此，必须持有积极风险观并采取积极应对策略，夯实竞争性选拔规制有效性的竞争基础。

竞争性选拔规制的对象是竞争性选拔风险，规制的目的既不是取消竞争，也不是取代竞争，而是鼓励竞争、保护竞争。经过30多年的改革开放，竞争性选拔规制有效性的基础已基本夯实，但竞争性选拔制（考选委任制）与荐举委任制、考察委任制、直接委任制的磨合还在继续，机制性障碍风险依然存在。一是对竞争性选

---

① 金融家彼得·L. 伯恩斯坦在其畅销书《与天为敌：风险探索传奇》中便尽情抒发了这种乐观：风险与其说是一种命运，不如说是一种选择，它作为对不确定未来的判断，让"未来服务于现在"（参见［美］彼得·L. 伯恩斯坦《与天为敌：风险探索传奇》，穆端年、吴伟、熊学梅译，机械工业出版社2007年版）。

拔方式推行的紊乱、忽冷忽热，时而热衷追捧、泛用滥用，时而困顿疑惑、冷漠阻碍；二是党委组织人事系统对竞争性选拔制的适应性建构相对滞后；三是竞争性选拔考评机构建设相对滞后；四是领导人选诚信体系建设相对滞后。机制性障碍阻碍了竞争基础的确立和竞争性选拔方式的推行，制约了竞争性选拔机制在领导职位及其人选资源配置中发挥基础性甚至决定性作用。因此，亟须打破建立竞争性选拔规制有效性竞争基础的机制性障碍，打牢竞争性选拔规制有效性的竞争基础。

三　增强规制机构的独立性

竞争性选拔规制机构职能不清，规制机构缺乏独立性是竞争性选拔规制体系中存在的一个重要风险问题。主要表现在两方面，一是未独立设置专门机构；二是所设机构独立性不强。竞争性选拔考试测评规制机构的机构类型、单位性质决定了其机构的独立性程度。表3—3表明，竞争性选拔考试测评规制机构基本不具独立性的党政机关较多（超过2/3），具有一定独立性的事业单位较少（不足1/3），具有较强独立性的外设专业机构稀缺（仅占2.1%）。从总体上来说，竞争性选拔考试测评规制机构的独立性不强，而基本不具独立性的党政机关较多则增大了竞争性选拔考试测评风险及其规制风险。党政机关是规制者，考试测评机构是被规制者，但由于考试测评机构设在党政机关内部，二者之间是一种"同体"关系、"一体"关系。显而易见，存在规制独立性不强的风险，可能影响专业性决策的中立性，可能配合追求某些片面需求的地方基层党委组织人事部门，可能对竞争性选拔及其规制中的违规甚至违法行为睁一只眼、闭一只眼，更有甚者充当违规违法行为的保护伞。也正因为如此，人们常常看到的是，领导干部竞争性选拔及其规制中的问题和风险，大都出现在地方基层。

委任制分类及其委任制风险分类，不仅对领导职位分类管理提出了要求，而且也为委任机构设置提出了要求。我国正处于委任制从直接委任制向考察委任制、荐举委任制拓展，进而向考选委任制拓展的转型发展时期，与此相适应，组织部门内设机构应当在目前仅适应直接委任制的机构设置基础上，结合委任制转型发展时期的新要求、新特点，增设组织考察机构、民主推荐机构、考试测评机构（见表5—1）。以分类规制治理组织考察、民主推荐、考试测评在规范性与科学性等方面存在的问题和负面效应，及其考察"失真失实"、推荐"拉票贿选、被票绑架、唯票取人"、考试"舞弊作假、高分低能、唯分取人"等领导干部竞争性选拔风险。

表5—1　　　　　　　　委任制类型与规制机构设置

委任制类型	直接委任制	考察委任制	荐举委任制	考选委任制
机构设置	目前机构设置	组织考察机构	民主推荐机构	考试测评机构

因此，增强规制机构的独立性，不仅首先要增设相应的独立机构，而且还要增强所设机构的独立性，至少设为具有一定独立性的事业单位，最好是外设为具有较强独立性的专业机构。诚然，由于竞争性选拔规制机构拥有很大的自由裁量权，极有可能导致规制权的滥用。因此，必须对竞争性选拔规制机构的规制行为给予相应的制衡，如党委控制、组织人事控制、纪委监察控制、社会力量控制等。

四　规制竞争性选拔规制者

对竞争性选拔规制机构的规制行为给予相应的制衡，如党委控制、组织人事控制、纪委监察控制、社会力量控制等，就是对竞争性选拔规制者施行规制。从当前的领导干部竞争性选拔规制实践来看，还应从以下几方面入手。首先，切实贯彻/落实立法公开原则/

制度。深入开展《中国共产党党内法规制定条例》的宣传工作，树立"立法公开"的观念，消除决策层在领导干部竞争性选拔规制立法方面的垄断意识。《中国共产党党内法规制定条例》明确规定，按照程序，规章的制定要经过公告、公众参与、规章的颁布、对新规章的评价、对现行规章的修改建议等程序。因此，应公开制定竞争性选拔工作方案过程，广泛征求群众意见。从选拔工作方案的制定到实施，都要在阳光下进行。其次，建立竞争性选拔规制影响评价制度机制，降低竞争性选拔规制成本、提高竞争性选拔规制效率。最后，强化问责约束机制。2009年7月12日中共中央办公厅、国务院办公厅印发了《关于实行党政领导干部问责的暂行规定》并开始实施。这是为增强官员权为民所用的责任感、防控委托代理间的机会主义、减少规制者的道德风险而设置的一道"紧箍咒"。还要发挥社会力量对规制机构的监督约束作用，充分发挥新闻媒体、社会团体、公众对规制者的制约，让规制权力在阳光下运行。阳光是最好的防腐剂。只有规范领导干部竞争性选拔规制者的行为，才能有效规制领导干部竞争性选拔规制者。

五 改革竞争性选拔规制方式

规制方式影响规制效果，应通过改革目前单一的命令—控制型的规制方式，引入多种替代性措施，即采取竞争性选拔规制方式的集成方式，从自我规制和公共规制两方面入手，以提高竞争性选拔规制的效率。当前改革领导干部竞争性选拔规制方式可以从以下几方面入手：

（一）改革职位规制，科学分类选拔职位

领导职位分类是"合理确定选拔职位、数量和范围"的基础。在坚持党管干部原则的前提下，可合理借鉴我国古代"官、僚、吏"的分类和西方现代"政事分类"、"两官分途"的办法，探索

构建领导职位分类和干部分类选拔格局①（见表5—2）。

表5—2　　　　　　　委任制类型与委任职位分类

委任制类型	直接委任制	考察委任制	荐举委任制	考选委任制
委任职位分类	直接委任职位	考察委任职位	荐举委任职位	考选委任职位

基本思路是命官、荐僚、考吏，即命主官、荐副官、考事官，或任命主官、荐举副官、考选事官。即：实行政治任命直接委任制或考察委任制，精心优选党政班子"一把手"正职干部，以更好地贯彻我党的执政宗旨；实行民主推荐与组织推荐相结合的荐举委任制，荐举搭配班子部分副职干部，以进一步促进领导班子的整体优化；实行考试测评与组织考察相结合的考选委任制，竞争性选拔班子部分副职干部和专业领导干部，以有效坚持人职匹配人岗相适原则。通过合理区分直接委任职位、考察委任职位、荐举委任职位和考选委任职位，并形成科学的领导干部分类选拔格局，以规制治理近年来在领导干部竞争性选拔任用工作中时常发生"眉毛胡子一把抓"的"职位错位选拔"风险。

（二）改革标准规制，完善指南文件

标准规制是竞争性选拔规制的主要形式。目前在竞争性选拔标准规制方面存在的主要问题是标准规制的法规位阶不足规格不高，且标准总量有待增加、水平有待提高。

当下竞争性选拔规制的相关党纪法规、指南文件不多，只有《党政领导干部选拔任用工作条例》、《公开选拔党政领导干部工作暂行规定》、《党政机关竞争上岗工作暂行规定》、《党政领导干部公开选拔和竞争上岗考试大纲》、《关于加快推进中央企业公开招

---

① 罗中枢：《党政领导干部的分类选用、考核和管理探析》，《四川大学学报》（哲学社会科学版）2012年第1期。

聘经营管理者和内部竞争上岗工作的通知》等，而且《暂行规定》、《考试大纲》、《通知》等在2014年版《干部任用条例》颁布后，仍未修订完善，相应的《干部任用细则》则更是遥遥无期。由于文件匮乏又无《干部任用细则》，在出现风险隐患时常常找不到控制风险的依据，甚至引发更大的风险。因此，应尽快修订《暂行规定》，加快制定《干部任用细则》，以标准制定的科学性和动态性，保证标准规制的有效性。

竞争性选拔风险相关的指南文件是规制领导干部竞争性选拔风险必备的依据，而目前的《党政领导干部公开选拔和竞争上岗考试测评工作指导手册》仅仅只是作为参考书的定位，法规位阶不足规格不高，因此有必要加强竞争性选拔风险规制立法，并结合实际情况，形成一套科学的、完整的、系统的领导干部竞争性选拔风险规制文件，对领导干部竞争性选拔风险规制给予党规国法地位。例如设置《竞争性选拔领导人选质量管理办法》、《领导干部竞争性选拔风险管理指南》等，加强对领导干部竞争性选拔风险的事前预防，提高选拔机构对领导干部竞争性选拔风险的关注度。

(三) 改革信息规制，改善信息不对称现象

对命令—控制方式最普遍的替代措施之一就是信息规制。竞争性选拔信息规制不力，是领导干部竞争性选拔失灵风险和规制失灵风险的重要因素。因此，强化领导干部竞争性选拔规制必须改革信息规制，改善信息不对称现象，及时控制领导干部竞争性选拔风险及其规制风险。

首先，加强公众对信息发布方的信任。缺乏信任的沟通，不仅适得其反，且后果可能更加严重。加强公众对信息发布方的信任，一是树立信息发布方的权威性。例如，2013年9月，中纪委网站正式开通，设置"12388网络举报"、"互动交流"等板块，接受网络信访举报。网站将社会举报放在特别突出的重要地位，鼓励社

会力量参与反腐,将网络反腐纳入正规、有序的渠道,不仅提高举报数量,还提高权威性、真实性。二是建立信息沟通双方的平等性。不应一味采取 DAD 模式即决定→宣布→辩护(Decide, Announce, Defend)进行沟通,否则很难建立起双方的真正信任[①]。

同时,建立双向沟通机制。开辟有效接收各方意见及建议的渠道,不断及时完善信息沟通方案,以利于各相关方参与信息沟通,保持上下级党委政府之间、党委政府与组织人事部门、竞争性选拔机构、考官队伍、参与竞争者、用人单位、公众、媒体各方之间的互动和有效沟通,了解各方对竞争性选拔风险的关注程度及看法,消除公众的风险信息认知差异,提高信息发布的速度与透明度,在最佳时间澄清公众的猜疑。中纪委网站的建设经验值得借鉴。中纪委将 5 个门户网站整合成 1 个门户网站,大大提高门户网站公开性,透明度,统一性。

(四)改革激励规制,激励选拔机构选拔优质领导人选的内在动力

竞争性选拔风险引起的不良事件会产生危及领导人员队伍建设质量和选人用人公信度的后果,是党委政府纪检监察机构等规制部门必须严格监管的内容。尽管有一系列的有关竞争性选拔的党纪法规和指南文件,但难免还会出现新漏洞。因此,需要在对竞争性选拔领导人选风险进行党纪法规规制的基础上,改革激励规制,激励选拔机构选拔优质领导人选的内在动力。科学合理地运用激励性规制理论,对选拔机构应适时采取低强度的激励方案。主要是通过低强度激励方案、成本补偿原则、技术创新激励(如鼓励加速选拔技术设施的折旧)、价格/税收激励等措施(包括利用"价格"来纠正外部性)和对优质选拔机构给予声誉资质激励,激励选拔机

---

① 谢晓非、郑蕊:《风险沟通与公众理性》,《心理科学进展》2003 年第 11 卷第 4 期,第 375—381 页。

构的行为动机，而不是仅仅通过明确的控制标准来约束选拔机构的行为。通过改革激励规制，使选拔机构在追求自己利益的过程中，关注选拔设计的质量，选拔优质领导人选，降低选拔风险的发生率，实现竞争性选拔公共规制的目标，取得良好的政治效益和社会效益。

（五）改革威慑规制，加大对竞争性选拔违法行为的惩罚

实践表明，目前对竞争性选拔违法行为的执法技术和执法成本不足的现象普遍存在。由于竞争性选拔违法行为被发现的概率相对来说比较小，有可能存在一部分违法者处于未被抓获的概率 $1-p$ 之中。因此，必须改革威慑规制，通过制定《领导干部竞争性选拔管理条例》、《领导干部竞争性选拔管理条例实施细则》等党纪法规，完善对竞争性选拔违法行为的处罚。加大执法成本，以加大对违法行为的惩罚力度（加大 $C_{被抓}$），提高执法技术，以提高违法行为被惩罚的概率（提高 p）。

假如所有（或至少绝大部分）腐败的官员都能被查出来的话，那就意味着腐败官员会受到双重的惩罚：第一是国家法律的直接惩罚，比如坐牢、罚款等；第二是要受到社会舆论的惩罚。但是现实生活中，如果十个腐败的人中只有一个人会被抓住的话，那么这个被抓的人受到的第二方面的惩罚就会大大地降低。很容易理解，现在经常的情况就是这样，抓到一个腐败官员，大家就会说："哎呀，这个人真倒霉啊！"这种道义上对腐败的惩罚就因为很多腐败行为不能被观察到而降低了，这也就是腐败一旦蔓延开来就会自己具有一个加速度的重要原因①。这对于作为一种亚"腐败之母"②的领导干部竞争性选拔违法行为来说，亦然！更要"老虎"、"苍蝇"一起打，遏制腐败现象蔓延势头。

---

① 张维迎：《博弈与社会》，北京大学出版社 2013 年版，第 230 页。
② 王春：《买官卖官现象调查：趋利性成内在动力》，《廉政瞭望》2010 年第 7 期，第 19—20 页（http://news.jcrb.com/jxsw/201006/t20100630_380402_1.html）。

此外，要在全社会范围内，倡导自愿规制，让遵守规制成为组织人事部门和领导人选的一种自觉行为。

第三节 建构竞争性选拔规制绩效指数

建议在改革竞争性选拔规制方式集成的基础上，建构竞争性选拔规制绩效指数及其指标体系，为综合评价领导干部竞争性选拔规制绩效提供有效工具。

一 竞争性选拔规制绩效指数的基本含义

竞争性选拔规制绩效的基本含义是指规制主体为实现其目标而展现在不同层面上的规制效果。竞争性选拔规制绩效指数，是在建立一套指标体系的基础上，通过权重和实际运行状况的计量和综合测算，以客观全面地反映竞争性选拔规制绩效的总体状况。竞争性选拔规制绩效包括程序性规制绩效、实体性规制绩效和社会性规制绩效、经济性规制绩效四个基本要素，或者说它是这四个重要组分的函数。因此，竞争性选拔规制绩效指数，就是在设计一套综合反映竞争性选拔四个规制绩效指标体系的基础上，通过综合测算，简明清晰地反映竞争性选拔规制绩效状况。

竞争性选拔规制绩效指数从总体数量上综合反映竞争性选拔规制绩效的变动状态。它以相对数的形式，用数量指标或质量指标反映竞争性选拔规制绩效的综合变动方向和程度。编制竞争性选拔规制绩效指数的根本目的就在于对竞争性选拔程序性规制绩效、实体性规制绩效、社会性规制绩效、经济性规制绩效的不同结果过渡到可以综合比较，从而计算出总指数，以反映竞争性选拔规制绩效的总体变动状况。竞争性选拔规制绩效指数还可以分析竞争性选拔规制绩效总体变动中受各因素变动的影响程度，包括总体总量指标和平均指标的变动受各因素变动的影响程度分析，而连续编制的竞争性选拔规制绩效指数数列，则可以对竞争性选拔规制绩效的发展变化趋势进行客观准确的分析判断。因此，竞争性选拔规制绩效指数可以科学地综合反映竞争性选拔规制绩效的实际状况，使竞争性选拔规制绩效状况成为可测量、可评价，是全面了解、深入研究、有效提升竞争性选拔规制绩效的一种动态反馈系统，是竞争性选拔规制绩效的"晴雨表"。

竞争性选拔规制绩效指数指标体系是一个全面衡量竞争性选拔规制绩效发展程度的评价体系，也是竞争性选拔规制绩效的"指挥棒"，它为考察竞争性选拔规制绩效提供了客观的指标尺度，也为检验竞争性选拔规制绩效提供了重要的参考标准。竞争性选拔规制绩效指数是由一套指标体系综合构成，每项指标都会对综合指数产生影响，只有在竞争性选拔程序性规制绩效、实体性规制绩效、社会性规制绩效、经济性规制绩效等各方面的各具体指标都有所提高，竞争性选拔规制绩效指数才能提高。这就为各级、各部门、各单位结合实际、采取有效措施、有针对性地、持久地开展竞争性选拔规制提供了明确的导向和指引，使竞争性选拔规制成为一种自觉。对于提高选人用人公信度具有重要意义。

竞争性选拔规制绩效指数是促进领导干部竞争性选拔规制的一种有益尝试，既具有理论意义，更是一种探索性实践。将有利于在促进竞争性选拔规制中实现从概念到方法到成效诸方面的转变，竞争性选拔规制绩效指数为实现这种转变、为促进竞争性选拔规制，提供了重要的技术保障措施，是描述竞争性选拔规制发展状况、评价竞争性选拔规制发展水平、考察竞争性选拔规制发展成效、预测竞争性选拔规制发展趋势、研究竞争性选拔规制发展规律的基础工具。

二　竞争性选拔规制绩效指数的指标构成

科学的测度指标一般有两个评价标准：一是指标的有效性，又称指标效度，描述指标概念是否反映了所应该反映的事物，即指标概念与所反映现象内容的一致性。二是指标的可靠性，又称指标信度，描述指标值重复观测（假定各次观测彼此是独立的）结果的一致性。高度有效性指标的设置往往需要较长期的研究和论证，而随着认识能力的提高和社会的发展变化，高度有效性指标也是相对和变化的。因此所构建的指标体系，包括目前正在使用的指标，并非一定都高度有效。指标和指标体系的科学化和完整化将是一项长期任务①。

根据理论界对规制的共同界定以及世界各国的规制实践，结合竞争性选拔规制这一特殊对象，本书将综合竞争性选拔自我规制的程序性规制绩效、实体性规制绩效和竞争性选拔政府规制的社会性规制绩效、经济性规制绩效四个方面，构建系统评价竞争性选拔规制绩效的整体水平及其变化趋势的指数指标体系。竞争性选拔规制绩效指标体系确立4项一级评价指标，再分解为8项二级评价指标，并进一步分解为17项三级评价指标，如表5—3所示。需要指出的是，指标体系是动态发展的，将随着竞争性选拔规制的发展适时调整，并在实践中不断探索、深化、完善。

表5—3　　　　　竞争性选拔规制绩效评价指标体系

一级指标	权重	二级指标	权重	三级指标	指标性质
程序性规制绩效 PR	w_1	过程规制绩效 P_1	w_{11}	决策过程的公开性 P_{11}	正指标
		程序规制绩效 P_2	w_{12}	选拔程序的规范性 P_{21}	正指标
实体性规制绩效 EnR	w_2	工作指令绩效 En_1	w_{21}	行为失范率 En_{11}	逆指标
		操作准则绩效 En_2	w_{22}	操作失误率 En_{21}	逆指标

---

① 龚建桥：《干部学习指数初探》，《特区实践与理论》2009年第4期，第88—91页。

续表

一级指标	权重	二级指标	权重	三级指标	指标性质
社会性规制绩效 SR	w_3	信息规制绩效 S_1	w_{31}	信息发布的全面性 S_{11}	正指标
				信息发布的准确性 S_{12}	正指标
				信息发布的完整性 S_{13}	正指标
				信息发布的及时性 S_{14}	正指标
				教育培训的科学性 S_{15}	正指标
		标准规制绩效 S_2	w_{32}	绩效标准达标率 S_{21}	正指标
				技术标准达标率 S_{22}	正指标
经济性规制绩效 ER	w_4	激励规制绩效 E_1	w_{41}	设备折旧 E_{11}	逆指标
				声誉资质 E_{12}	正指标
				价格 E_{13}	逆指标
				税收 E_{14}	正指标
		威慑规制绩效 E_2	w_{42}	惩罚金额 E_{21}	逆指标
				惩罚概率 E_{22}	逆指标
100				竞争性选拔规制绩效指数 TR	

注：指标权重 w_n 和 w_{nm} 有待具体运用德尔菲法、层次分析法等方法给予确定。

二级指标的构建是以一级指标的理论框架为基础，将一级指标所包含的主要规制方式纳入考察范围，以保证评价的科学性和系统性。在二级指标的理论框架下，依次选取三级指标。

三 竞争性选拔规制绩效指数评价模型

竞争性选拔规制绩效指数评价模型如下：

（1）竞争性选拔规制绩效指数 TR

$$TR = w_1 PR + w_2 EnR + w_3 SR + w_4 ER$$

（2）竞争性选拔程序性规制绩效指数 PR

$$PR = w_{11} P_1 + w_{12} P_2$$

$$P_1 = a_{11} P_{11} + a_{12} P_{12}$$

$$P_2 = a_{21}P_{21} + a_{22}P_{22}$$

(3) 竞争性选拔实体性规制绩效指数 EnR

$$EnR = w_{21}En_1 + w_{22}En_2$$

$$En_1 = b_{11}En_{11} + b_{12}En_{12}$$

$$En_2 = b_{21}En_{21} + b_{22}En_{22}$$

(4) 竞争性选拔社会性规制绩效指数 SR

$$SR = w_{31}S_1 + w_{32}S_2$$

$$S_1 = c_{11}S_{11} + c_{12}S_{12} + c_{13}S_{13} + c_{14}S_{14} + c_{15}S_{15}$$

$$S_2 = c_{21}S_{21} + c_{22}S_{22}$$

(5) 竞争性选拔经济性规制绩效指数 ER

$$ER = w_{41}E_1 + w_{42}E_2$$

$$E_1 = d_{11}E_{11} + d_{12}E_{12} + d_{13}E_{13} + d_{14}E_{14}$$

$$E_2 = d_{21}E_{21} + d_{22}E_{22}$$

第四节 本章小结：改革进行时

第一，竞争性选拔规制改革的取向是进一步强化竞争性选拔规制，完善委任制，丰富健全党规国法，提高选人用人公信度。目标是改善领导干部竞争性选拔规制的质量，提高领导干部竞争性选拔规制的效率。

第二，竞争性选拔规制改革路径和主要措施包括：积极应对竞争性选拔风险的挑战，建立竞争性选拔规制有效性的竞争基础；增强规制机构的独立性；规制竞争性选拔规制者；改革竞争性选拔规制方式，包括改革职位规制——科学分类选拔职位，改革标准规制——完善指南文件，改革信息规制——改善信息不对称现象，改革激励规制——激励选拔机构选拔优质领导人选的内在动力，改革威慑规制——加大对竞争性选拔违法行为的惩罚（加大惩罚力度，提高被惩罚的概率）等。

第三，建议在改革竞争性选拔规制方式的基础上，建构竞争性选拔规制绩效指数及其指标体系，为综合评价领导干部竞争性选拔规制绩效提供有效工具。

竞争性选拔规制改革正在进行时，永远在路上……

第六章　研究总结与研究展望

第一节　研究总结

无论从理论上还是从实践上看，竞争性选拔研究都还是一个较新的领域，而竞争性选拔规制研究，据本书目力所及，尚未发现相关文献。本书运用风险理论、规制理论等理论与方法，对我国竞争性选拔规制问题进行了系统研究。现将研究得出的主要结论归纳如下：

第一，明确了与本书研究主题相关的几个概念。（1）竞争性选拔是指在委任制下党委（党组）及其组织（人事）部门面向社会或在本单位本系统，采取公开报名、测试与考察相结合的办法选拔任用党政机关领导干部、事业单位国有企业领导人员的一种提名方式或制度。（2）竞争性选拔风险是指在竞争性选拔领导人选过程中，由于人为因素包括制度性因素和非制度性因素，导致竞争性选拔领导人选不符合相关方满意的质量，从而对领导人选任用、选人用人公信度和公众利益带来损害的风险。竞争性选拔风险是可以通过规制予以削减的风险。（3）竞争性选拔规制是在中国特色社会主义市场经济条件下，党委政府或其他组织机构以治理领导人选竞争性选拔风险和选拔失灵为己任，依据有关的党纪国法，通过自我规制和公共规制对竞争性选拔进行直接控制和干预的组织行为。

竞争性选拔规制分为竞争性选拔自我规制和竞争性选拔公共规制。自我规制主要包括程序性规制和实体性规制；公共规制主要包括社会性规制和经济性规制。

第二，竞争性选拔规制变迁经历了规制开启与确认阶段（1980—1992）、规制规范与实施阶段（1992—2002）、规制立法与执行阶段（2002—2012），现正进入规制评估与创新阶段（2012—2014）。总体来看，2002年7月版《党政领导干部选拔任用工作条例》之前为诱致型变迁过程，之后为供给主导型变迁过程。经过30多年的改革，规制机构和队伍建设有效加强，规制标准和考试大纲逐步确立，规制程序和方法技术不断完善，通用题库初步建成，规制体系初步形成，规制的力度不断加强，规制的效果初步显现。

第三，我国产生国有企业领导人员和党政机关事业单位领导干部的方式，正处于传统委任制（直接委任和考察委任）向现代委任制（荐举委任和考选委任即竞争性选拔）拓展的改革时期，这个过程伴随着大量选拔风险和选拔规制风险。（1）现阶段竞争性选拔中存在的选拔风险与选拔规制风险并存，反映了传统委任制的烙印以及选拔机制与选拔规制磨合中的失控现象。（2）竞争性选拔风险按起因可分为两类，一是竞争性选拔领导人选的内在/固有风险，包括可预期和不可预期的领导人选任用后变化；二是竞争性选拔的外在/偶然风险，包括推荐、测评、考察等环节中的违规竞争、管理不善、认知局限等人为因素所导致的风险。而人为因素所导致的选拔风险又可分为非制度性风险与制度性风险两大类。制度性安排对非制度性风险既有正向作用又有反向作用，制度性风险是选拔风险的主要风险根源并且通过非制度性风险发生作用。（3）由于传统委任制正向现代委任制拓展，因此制度性风险又可分为直接委任制风险（R_A）、考察委任制风险（R_B）、荐举委任制风险（R_C）和考选委任制风险（R_D）四类风险。由于旧的委任制形式及其风险并没有被新的委任制形式及其风险所替代，因此新老委任制形式及其风险就形成了一种包含关系。即：R_A 主要包括任人唯亲和用人失察失当等风险；R_B 主要包括 R_A 和考察中的失真失实等风险；R_C 主要包括 R_A、R_B 和民主推荐民意测评中的贿选拉票等风险；而 R_D 则主要包括 R_A、R_B、R_C 和考试测评中的舞弊、信度效度及高分低能等风险。四类制度性风险的关系既是一种包含关系又是一种规制关系。从 R_A 到 R_B 到 R_C 再到 R_D，为包含关系，虽其风险种类逐步增多、风险数量逐步增大，呈递增关系，但从 R_D 到 R_C 到 R_B 再到 R_A，为规制关系，其风险度则将逐步减小，呈递减关系，而选人用人公信度则将逐步提高。(4) 竞争性选拔规制体系中的风险因素主要包括机制性障碍、立法的公开性/参与性不足、机构的独立性/专业性不强、委托代理间的机会主义行为、忽视规制对象的权益等；规制方式中的风险点主要包括程序性规制中的职位规制/效度评估、实体性规制中的操作准则/标准规制、社会性规制中的信息规制、经济性规制中的威慑规制等。

第四，在明确规制体系构建的基本思路和基本原则的基础上，构建了全面风险管理框架下的竞争性选拔规制三维结构体系，并研究其实现的方式。目标维即规制的目标，层级维即规制主体机构，要素维即规制方式集成。(1) 目标维度。竞争性选拔规制目标是建立竞争性选拔规制体系的基础，建立竞争性选拔规制体系的目的就是为了有效地实现竞争性选拔规制的目标。目标维力求实现以下四种类型的目标：使命目标——高层次目标，与完善领导干部队伍建设的竞争性选拔使命相关联并支撑其使命；运行目标——设置一个使领导职位及其人选资源配置效率最大化的风险规制机制，以有效和高效地使用领导职位及其人选资源；质量目标——降低竞争性选拔风险的同时，提高竞争性选拔质量的可靠性；合规目标——符合竞争性选拔规制立法原则和党纪法规的要求。竞争性选拔规制立法（党纪法规）是实施竞争性选拔规制的基本依据，竞争性选拔党纪法规从顶层设计，规定了竞争性选拔规制的目标，并赋予了竞争性选拔规制及其规制主体的合法性。（2）层级维度。层级维度即规制主体的规制机构，各级党委政府组织、纪检监察机构、组织人事部门、专业选拔机构等规制机构坚持规制的目标，根据规制方式来开展竞争性选拔风险规制活动。规制机构具有权威性、专业性、独立性等特征。由于竞争性选拔规制机构拥有很大的自由裁量权，极有可能导致规制权的滥用。因此，必须对竞争性选拔规制机构的规制行为给予相应的制衡。对竞争性选拔规制机构行为的制衡主要来自党委控制、纪委控制和社会力量控制等。（3）要素维度。要素维即规制方式集成。竞争性选拔规制方式集成是在全面风险管理框架下，通过自我规制中的程序性规制（过程规制、程序规制）、实体性规制（工作指令、操作准则）和公共规制中的社会性规制（信息规制、标准规制）、经济性规制（激励性规制、威慑性规制）等方式，并综合经济效率、政治权衡、社会价值取向等各方面因素的考虑，尽可能达到将竞争性选拔风险最小化的同时实现选人用人公信度和社会净福利最大化的目标。要素维度设置了一个竞争性选拔规制方式的集成模型，在这个集成模型中，对竞争性选拔规制从自我规制和公共规制两个角度作为切入点进行分析与研究。竞争性选拔自我规制是坚持党管干部原则的题中之意，它具有追求超越形式法治的实质法治等基本特征。竞争性选拔公共规制对于规制竞争性选拔中的选拔失灵、信息不对称、逆向选择和道德风险均具有重要作用。竞争性选拔社会性规制的功能，一是改善竞争性选拔的信息偏在；二是减少竞争性选拔的负外部性，规制方式主要包括信息规制和标准规制。竞争性选拔信息规制是指规制机构利用信息的公共供给来纠正竞争性选拔风险和相关的选拔信息不完全和信息不对称引起的选拔失灵，完善相应法律法规及风险管理指南文件，整治竞争性选拔本身的负外部性；主要方式是强制披露和风险沟通。竞争性选拔标准规制主要通过制定不同的绩效标准和技术标准，并强制执行这些标准，以实现竞争性选拔优质领导人选的目的；从公共规制的程度看，技术标准严于绩效标准。竞争性选拔经济性规制主要包括激励性规制和威慑性规制。一方面激励竞争性选拔机构选拔优质领导人选；另一方面对竞争性选拔机构和竞争者可能作出的违法行为实施威慑规制，最大限度维护选人用人公信度。

第五，提出了我国竞争性选拔规制改革的政策建议。（1）竞争性选拔规制改革的取向是进一步强化竞争性选拔规制，完善委任制，丰富健全党规国法，提高选人用人公信度。目标是改善竞争性选拔规制的质量，提高竞争性选拔规制的效率。（2）竞争性选拔规制改革路径和主要措施包括：积极应对竞争性选拔风险的挑战，建立竞争性选拔规制有效性的竞争基础；增强规制机构的独立性；规制竞争性选拔规制者；改革竞争性选拔规制方式，包括改革职位规制——科学分类选拔职位，改革标准规制——完善指南文件，改革信息规制——改善信息不对称现象，改革激励规制——激励选拔机构选拔优质领导人选的内在动力，改革威慑规制——加大对竞争性选拔违法行为的惩罚（加大惩罚力度，提高被惩罚的概率）等。（3）建议在改革竞争性选拔规制方式的基础上，建构竞争性选拔规制绩效指数及其指标体系，为综合评价领导干部竞争性选拔规制绩效提供有效工具。

由于本书选题是极具中国特色的主题，我国党政机关和国有企事业单位领导人选的选拔"数据资料"属于保密范畴。所以，进行本书研究工作过程中，很难获得相关的实际数据。因此，本书提出的一些观点，没有也很难用实证研究方法去论证，只是基于相关理论分析和经验观察得到的结论。

第二节 研究展望

第一，在研究方法上加强定量分析。例如，如何将竞争性选拔风险及其规制风险现象用数据准确地表示出来，从数据方面对竞争性选拔风险及其规制风险给予有力证明。只有用数据统计的方法证明竞争性选拔风险及其规制风险程度或者某一不良事件给选人用人公信度和公众带来的风险究竟有多大,才可能更有效地预警、确认、评价、应对、防控其风险。如果将本书构建的规制三维结构体系的要素维确定为风险管理流程而不是现在的规制方式集成,那将是同样具有重要理论意义和实际意义的另一研究主题。

第二,在研究内容上需进一步深化。例如,竞争性选拔规制体系是如何运行的;在多重委托代理关系下,如何对规制者进行有效的激励与约束;如何运用成本—收益分析方法评价竞争性选拔规制的绩效等,都是需要继续深化研究的问题。

第三,中国国有企业中高层管理人员的选拔任用现状,如何与企业人力资源管理平滑顺畅地衔接起来,需要理论解释;国有企业中的竞争性企业和公用性企业;竞争性国有企业的政企分开;国有企业高管薪酬监管如何与高管选拔任用制度相匹配;等等问题,都是值得研究的课题。

参考文献

一 经典作家文献

1. 《马克思恩格斯全集》第12卷,人民出版社1998年版。
2. 《马克思恩格斯全集》第3卷,人民出版社2002年版。
3. 《邓小平文选》第1卷,人民出版社1994年版。
4. 《邓小平文选》第2卷,人民出版社1994年版。
5. 《邓小平文选》第3卷,人民出版社1993年版。

二 法规文件

1. 胡锦涛:《坚定不移沿着中国特色社会主义道路前进 为全面建成小康社会而奋斗——在中国共产党第十八次全国代表大会上的报告(2012年11月8日)》,人民出版社2012年版。
2. 《党政领导干部选拔任用规范手册》,中国法制出版社2010年版。
3. 《新编中国共产党党内规章实用速查大全》,红旗出版社2013年版。
4. 中共中央宣传部:《习近平总书记系列重要讲话读本》,学习出版社、人民出版社2014年版。
5. 中共中央组织部研究室、政策法规局编:《干部人事制度改革法规文件选编》，党建读物出版社 2004 年版。

6. 中共中央组织部干部调配局：《干部管理工作文件汇编》，党建读物出版社 1995 年版。

7. 中共中央组织部办公厅：《改革开放 30 年组织工作大事资料摘编》，党建读物出版社 2008 年版。

8. 中共中央组织部干部一局：《〈党政领导干部选拔任用工作条例〉学习辅导》，党建读物出版社 2002 年版。

9. 中共中央组织部干部一局：《〈党政领导干部选拔任用工作条例〉学习辅导》，党建读物出版社 2014 年版。

10. 《中国共产党第十八届中央委员会第三次会议文件汇编》，人民出版社 2013 年版。

三　国内著作

1. 陈富良：《放松规制与强化规制》，上海三联书店 2001 年版。
2. 《辞海》（缩印本 1989 年版），上海辞书出版社 1990 年版。
3. 黄达强：《各国公务员制度比较研究》，中国人民大学出版社 2009 年版。
4. 李烈满：《健全干部选拔任用机制问题研究》，中国社会科学出版社 2004 年版。
5. 刘海峰：《科举考试的教育学视角》，湖北教育出版社 1996 年版。
6. 卢现祥、朱巧玲：《新制度经济学》，北京大学出版社 2007 年版。
7. 吕锐锋：《深圳干部制度改革论》，海天出版社 1997 年版。
8. 茅铭晨：《政府管制法学原论》，上海财经大学出版社 2005 年版。
9. 潘伟杰：《制度、制度变迁与政府规制研究》，上海三联书店 2005 年版。

10. 沈岿：《风险规制与行政法新发展》，法律出版社 2013 年版。
11. 宋明哲：《现代风险管理》，五南图书出版有限公司 2001 年版。
12. 苏廷林：《当代国家公务员制度的发展趋势》，中国人事出版社 1993 年版。
13. 田禾：《公职人员禁止行为研究》，社会科学文献出版社 2013 年版。
14. 汪洪涛：《制度经济学：制度及制度变迁性质解释》（第二版），复旦大学出版社 2009 年版。
15. 王俊豪：《政府管制经济学导论——基本理论及其在政府管制实践中的应用》，商务印书馆 2001 年版。
16. 王旸：《新时期党的干部制度建设》，中共党史出版社 2006 年版。
17. 王亚南：《中国官僚政治研究》，中国社会科学出版社 1981 年版。
18. 吴瀚飞：《中国公开选拔领导干部制度研究》，中国社会科学出版社 2002 年版。
19. 谢地：《政府规制经济学》，高等教育出版社 2003 年版。
20. 辛鸣：《制度论——关于制度哲学的理论建构》，人民出版社 2005 年版。
21. 杨雪冬：《全球化、风险社会与复合治理》，载李程伟《公共危机管理：理论与实践探索》，中国政法大学出版社 2006 年版。
22. 于学强：《中国干部选拔的问题与对策研究》，中国社会科学出版社 2009 年版。
23. 张培刚：《农业与工业化》，华中工学院出版社 1984 年初版，1988 年再版。
24. 张维迎：《博弈与社会》，北京大学出版社 2013 年版。
25. 赵洪俊：《公开选拔党政领导干部考试与古代科举考试比较研

究》，党建读物出版社 2007 年版。

26. 赵洪俊：《中国领导人才能力测评技术参考手册》，新华出版社 2006 年版。

27. 中共中央宣传部：《习近平总书记系列重要讲话读本》，学习出版社、人民出版社 2014 年版。

28. 中共中央组织部：《组工通讯（1982）》，党建读物出版社 1983 年版。

29. 中共中央组织部党建研究所课题组：《中国特色干部选拔任用制度改革拓展研究》，党建读物出版社 2011 年版。

30. 中共中央组织部领导干部考试与测评中心：《党政领导干部公开选拔和竞争上岗考试测评工作指导手册》，党建读物出版社 2010 年版。

31. 中共中央组织部研究室、政策法规局：《创造充满活力的用人机制》，青岛出版社 2000 年版。

32. 中共中央组织部研究室、政策法规局：《干部人事制度改革》，中国方正出版社 2004 年版。

33. 中国社会科学院语言研究所词典编辑室：《现代汉语词典（修订本）》，商务印书馆 2005 年第 5 版。

34. 邹珊刚、黄麟雏、李继宗、苏子仪、马名驹、朴昌根：《系统科学》，上海人民出版社 1987 年版。

四　学术译著

1. ［英］安东尼·吉登斯：《超越左与右》，李惠斌、杨雪冬译，社会科学文献出版社 2002 年版。

2. ［英］安东尼·奥格斯：《规制：法律形式与经济学理论》，骆梅英译，苏苗罕校，中国人民大学出版社 2008 年版。

3. ［美］阿维纳什·迪克西特：《经济政策的制定：交易成本政治学的视角》，刘元春译，中国人民大学出版社 2004 年版。

4. ［美］布坎南：《自由、市场和国家》，吴良健等译，北京经济学院出版社 1988 年版。

5. ［美］彼得·L. 伯恩斯坦：《与天为敌：风险探索传奇》，穆端年、吴伟、熊学梅译，机械工业出版社 2007 年版。

6. ［美］丹尼尔·A. 科尔曼：《生态政治》，吴英姿、孙淑敏译，上海译文出版社 2002 年版。

7. ［美］丹尼尔·F. 史普博：《管制与市场》，余晖等译，上海人民出版社 1999 年版。

8. ［美］道格拉斯·C. 诺思：《经济史中的结构与变迁》，陈郁、罗华平等译，上海三联书店、上海人民出版社 1994 年版。

9. ［美］道格拉斯·C. 诺思：《制度、制度变迁与经济绩效》，刘守英译，上海三联书店 1994 年版。

10. ［美］道格拉斯·C. 诺思：《经济史上的结构和变革》，厉以平译，商务印书馆版 2002 年版。

11. ［美］凡勃伦：《有闲阶级论：关于制度的经济研究》，蔡受百译，商务印书馆 2002 年版。

12. ［美］菲利普·乔瑞：《风险价值 VAR》，杨瑞琪译，中信出版社 2005 年版。

13. ［德］哈特穆特·毛雷尔：《行政法学总论》，高家伟译，法律出版社 2000 年版。

14. ［美］J. 格里高利·西达克、丹尼尔·史普博：《美国公用事业的竞争转型：管制与管制契约》，宋华琳等译，上海人民出版社 2012 年版。

15. ［英］卡罗尔·哈洛、理查德·罗林斯：《法律与行政》，杨伟东等译，商务印书馆 2004 年版。

16. ［美］康芒斯：《制度经济学》（上册），于树生译，商务印书馆 1997 年版。

17. ［爱尔兰］理查德·坎蒂隆：《商业性质概论》，余永定、徐寿冠译，商务印书馆 1986 年版。

18. ［美］R. 科斯、C. 诺斯等：《财产权利与制度变迁》，刘守英译，上海人民出版社 1994 年版。

19. ［法］让·雅克·拉丰、让·梯若尔：《政府采购与规制中的激励理论》，石磊、王永钦译，上海人民出版社 2004 年版。

20. ［美］弗兰克·H. 奈特：《风险、不确定性与利润》，安佳译，商务印书馆 2010 年版。

21. ［美］奥利弗·E. 威廉姆森：《资本主义经济制度》，段毅才、王伟译，商务印书馆 2004 年版。

22. ［日］青木昌彦：《比较制度分析》，周黎安译，上海远东出版社 2001 年版。

23. ［美］萨缪尔·P. 亨廷顿：《变化社会中的政治秩序》，王冠华等译，生活·读书·新知三联书店 1989 年版。

24. ［美］Stephen P. Robbins、Mary Coulter 著：《管理学》第 7 版，孙健敏等译，中国人民大学出版社 2004 年版。

25. ［德］乌尔里希·贝克：《世界风险社会》，南京大学出版社 2004 年版。

26. ［美］W. 吉帕·维斯库斯：《反垄断与管制经济学》，陈甫军等译，机械工业出版社 2004 年版。

27. ［英］亚当·斯密：《国民财富的性质和原因的研究》（下卷），郭大力、王亚南译，商务印书馆 2002 年版。

28. ［英］约翰·伊特维尔：《新帕尔格雷夫经济学大辞典》，中国社会科学出版社 1992 年版。

29. ［美］伊丽莎白·麦吉尔：《行政机关的自我规制》，安永康译，《行政法论丛》第 13 卷，法律出版社 2011 年版。

30. ［美］詹姆斯·G. 马奇、［挪］约翰·P. 奥尔森：《重新发现制度》，张伟译，生活·读书·新知三联书店 2011 年版。

31. ［日］植草益：《微观规制经济学》，朱绍文、胡欣欣译，中国发展出版社 1992 年版。

五 论文部分

1. 陈凤鸣、羊淑蓉：《公开选拔领导干部中面临的问题及对策》，《中共四川省委党校学报》2007 年第 3 期。
2. 陈富良：《利益集团博弈与管制均衡》，《当代财经》2004 年第 1 期。
3. 陈光：《公选笔试主观性试题解题方法》，《当代广西》2007 年第 4 期。
4. 崔炳善、司空泳浒：《政府规制与腐败》，《国家行政学院学报》2002 年第 5 期。
5. 崔艳武、高晓红、杨颖：《风险管理框架的国际比较及中国经验》，《中国质量》2010 年第 8 期。
6. 戴维新：《无领导小组讨论应试技巧》，《领导科学》2009 年第 4 期。
7. 邓献辉：《干部选拔工作中的民主推荐及其改进》，《中共中央党校学报》2012 年第 1 期。
8. 丁纯：《如何提高竞争性选拔干部工作的质量》，《领导科学》2012 年 1 月（下）。
9. 《2011 年选人用人公信度和组织工作满意度连续第三年提高》，《党建研究》2012 年第 2 期。
10. 《2011 年全国组织工作满意度调查结果发布：选人用人公信度和组织工作满意度连续第三年提高》，《共产党员》2012 年第 1 期（上）。
11. 高四维：《预防用人腐败，改革提名权是关键》，《中国青年报》2015 年 2 月 1 日第 2 版。
12. 龚建桥：《干部学习指数初探》，《特区实践与理论》2009 年第 4 期。

13. 龚建桥：《公务员竞争性选拔制度变迁分析》，《开放导报》2012 年第 3 期。

14. 龚建桥：《竞争性选拔制度结构体系的构建》，《特区实践与理论》2012 年第 3 期。

15. 龚建桥：《干部竞争性选拔考评技术系统研究》，《岭南学刊》2013 年第 3 期。

16. 龚建桥、周益川、陈志远、沈小平：《竞争性选拔制度运行现状与改进》，《特区实践与理论》2012 年第 1 期。

17. 广东省委组织部：《让竞争成为习惯——努力推进竞争性选拔干部工作常态化》，2012 年全国领导干部考试测评工作座谈会交流发言材料之三，内部资料。

18. 郭庆松：《领导干部公开选拔实施中存在的问题及对策》，《中国行政管理》2010 年第 7 期。

19. 黄新华：《政府规制研究：从经济学到政治学和法学》，《福建行政学院学报》2013 年第 5 期。

20. 胡安元：《降低竞争性选拔干部负效应的建议》，《领导科学》2011 年 1 月下。

21. 胡税跟：《论新时期我国政府规制的改革》，《政治学研究》2001 年第 4 期。

22. 胡月星：《公开选拔考试测评机制变脸：公选考试参与者如何应对》，《决策探索（下半月）》2009 年第 3 期。

23. 胡宗仁：《竞争性选拔的制度属性、逻辑起点及效用分析》，《江海学刊》2009 年第 2 期。

24. 胡宗仁：《竞争性选拔制度的功能分析》，《江苏行政学院学报》2009 年第 6 期。

25. 贾科：《领导干部考察失真研究》，《战略与管理》2004 年第 3 期。

26. 江金权：《党建，不能不讲科学》，《北京日报》2010 年 6 月

28 日。

27. 《决策探索》杂志编辑部：《全国公开选拔领导干部笔试技巧》，《决策探索（下半月）》2009 年第 1 期；2009 年第 3 期。

28. 雷华：《政府规制理论与实证研究》，西北工业大学博士学位论文，2007 年。

29. 李民昌：《单一案例分析试题的"三步解题法"》，《领导科学》2007 年第 14 期。

30. 李民昌：《公选结构化面试的答题技巧》，《领导科学》2008 年第 12 期。

31. 李民昌：《公选备考谨防"伪案例"》，《决策》2009 年第 4 期。

32. 李民昌：《提高领导干部竞争性选拔公信度的路径探析》，《领导科学》2010 年第 9 期（中）。

33. 李木洲：《公开选拔党政领导干部制度研究综述》，《理论月刊》2011 年第 2 期。

34. 李木洲：《试析公开选拔党政领导干部制度面临的十大困境》，《理论与改革》2011 年第 2 期。

35. 李庆：《在全国领导干部考试测评工作座谈会上的讲话》，2014 年 3 月 29 日（内部资料）。

36. 李瑞昌：《风险——知识与公共决策》，复旦大学博士学位论文，2005 年。

37. 李瑞昌：《社会变迁中的风险话语：发展的视角》，《人文杂志》2005 年第 5 期。

38. 李晓跃：《公选面试答辩的语言技巧》，《领导科学》2003 年第 4 期。

39. 李中建：《国有企业经营者选拔中的难题及解决思路》，《武汉大学学报（人文科学版）》2005 年第 58 卷第 1 期。

40. 梁丽芝：《公开选拔领导干部制度绩效评价：内涵、本质与功能》,《中国行政管理》2013 年第 1 期。

41. 梁丽芝、莫俊:《基于 SWOT 分析的公开选拔领导干部制度的影响要素探析》,《湘潭大学学报(哲学社会科学版)》2012 年第 36 卷第 6 期。

42. 梁丽芝、莫俊:《公开选拔领导干部制度价值理念的制度体现及其提升路径》,《湖南科技大学学报(社会科学版)》2014 年第 17 卷第 1 期。

43. 梁丽芝、韦朝毅:《公开选拔干部制度的制度变迁与发展趋势》,《中国行政管理》2010 年第 3 期。

44. 梁丽芝、韦朝毅:《我国公开选拔领导干部制度的发展与完善》,《湘潭大学学报(哲学社会科学版)》2010 年第 34 卷第 1 期。

45. 林琳:《药品质量风险规制研究》,沈阳药科大学博士学位论文,2011 年。

46. 林琳、李野、杨悦:《基于法经济学的药品质量风险规制研究》,《中国新药杂志》2012 年第 21 卷第 5 期。

47. 林其玲:《南开大学校长:校长后面加副部级是丢人的事》(http://edu.people.com.cn/n/2015/0310/c1053-26670385.html)。

48. 廖平胜:《科举考试与现行领导干部考试成因及时代价值之比较》,《湖北招生考试》2008 年第 4 期。

49. 刘福敏:《民主推荐在干部选拔中存在的问题及对策》,《现代人才》2011 年第 5 期。

50. 刘远我:《面试前有关被试的心理测验信息对考官面试评价的影响研究》,《中国考试(研究版)》2008 年第 4 期。

51. 陆晓光、朱东华:《基于胜任特征的领导干部公选模型研究》,《管理世界》2013 年第 7 期。

52. 罗中枢:《党政领导干部的分类选用、考核和管理探析》,《四川大学学报(哲学社会科学版)》2012 年第 1 期。

53. 茅铭晨：《政府管制理论研究综述》，《管理世界》2007年第2期。
54. 宁本荣：《党政领导干部公开选拔制度问题与改进：基于人力资源管理视角的探讨》，《理论探讨》2009年第6期。
55. 诺斯：《制度变迁理论纲要》，《改革》1995年第3期。
56. 曲振涛：《论法经济学的发展、逻辑基础及其基本理论》，《经济研究》2005年第9期。
57. 任利成、白宪生、鲁锦涛：《竞争性选拔情境中社会网络及其演化研究》，《华东经济管理》2011年第25卷第3期。
58. 《深圳市综合配套改革方案》（http://www.sz.gov.cn/cn/xxgk/xwfyr/wqhg/fbh_46/fbg/200905/t20090526_1111017.htm）。
59. 神玉飞：《中国银行业制度风险规制研究》，复旦大学博士学位论文，2008年。
60. 沈宏亮：《路径依赖、效率特征与政府规制的边际改进》，《改革》2011年第3期。
61. 沈宏亮：《中国规制政府的崛起：一个供给主导型制度变迁过程》，《经济学家》2011年第4期。
62. 盛若蔚：《2011年全国组织工作满意度调查结果发布：选人用人公信度和组织工作满意度连续第三年提高》，《人民日报》2011年12月21日第6版。
63. 盛若蔚：《党内法规建设规范化程序化的制度保障——解读公开发布的两部重要党内法规》，《北京支部生活》2013年第6期。
64. ［英］斯科特·拉什：《风险社会与风险文化》，《马克思主义与现实》2002年第4期。
65. 宋华琳：《政府规制改革的成因与动力》，《管理世界》2008年第8期。
66. 苏晓红：《我国的社会性管制研究》，华中科技大学博士学位论文，2008年。

67. 孙明：《竞争性选拔与传统选拔方式的质量比较》，《领导科学》2012年3月上。

68. 孙泽兵：《党政领导干部竞争性选拔考试制度创新研究》，华中师范大学博士学位论文，2011年。

69. 王春：《买官卖官现象调查：趋利性成内在动力》，《廉政瞭望》2010年第7期。

70. 王登峰、崔红：《中国基层党政领导干部的胜任特征与跨文化比较》，《北京大学学报（哲学社会科学版）》2006年第6期。

71. 王俊豪：《政府管制经济学导论——基本理论及其在政府管制实践中的应用》，商务印书馆2001年版。

72. 汪继红：《公开选拔党政领导干部笔试公共科目试卷结构研究》，《湖北招生考试》2003年第20期；《中国公开选拔领导干部考试制度研究》，华中师范大学博士学位论文，2009年。

73. 王江红：《当前干部公开选拔中的问题及其对策》，《理论学刊》2003年第5期。

74. 王金洲：《国有企业"企业家"选拔方式的思考》，《长江大学学报（社会科学版）》2005年第28卷第1期。

75. 王岐山：《依法治国，依规治党，坚定不移推进党风廉政建设和反腐败斗争——在中国共产党第十八届中央纪律检查委员会第五次全体会议上的工作报告》（2015年1月12日）（http://www.ccdi.gov.cn/xxgk/hyzl/201501/t20150130_50785.html）。

76. 王奇：《论竞争性选拔干部的科学内涵与基本理念》，《南京社会科学》2010年第12期。

77. 王婧：《再探茂名窝案：原书记与市长携手卖官》（http://china.caixin.com/2015-01-27/100779039_all.html）。

78. 王鹏润：《公选面试10种绝对正确的答题思路》，《决策探索（下半月）》2009年第2期。

79. 吴安定：《对公选考试内容的反思》，《领导科学》2001年第5期。

80. 吴瀚飞：《以改革创新精神满怀信心地开创领导干部考试测评工作新局面——在全国组织系统领导干部考试与测评机构负责人会议上的讲话》（2009年5月27日），内部资料。

81. 《向中组部要权，开全国揽才先河》，《南方都市报》2010年4月1日。

82. 萧鸣政：《关于当前我国领导干部公选制问题的探讨》，《北京大学学报（哲学社会科学版）》2011年第48卷第6期。

83. 谢晓非、郑蕊：《风险沟通与公众理性》，《心理科学进展》2003年第11卷第4期。

84. 许敏、许景婷：《促进我国高新技术产业发展的税收优惠政策研究》，《消费导刊》2008年第9期。

85. 许晟：《国有企业"腐败高发区"在哪里？》，《经济参考报》2015年2月12日。

86. 徐维：《论行政机关自我规制》，中南大学博士学位论文，2012年。

87. 徐维：《行政机关自我规制力探究》，《行政法学研究》2012年第8期。

88. 杨雪冬：《谨防公选制度性蜕化》，《人民论坛·政论双周刊》2008年第239期。

89. 杨雪东：《全球化、风险社会与复合治理》，《马克思主义与现实》2004年第4期。

90. 杨晓维、张云辉：《从威慑到最优执法理论：经济学的视角》，《南京社会科学》2010年第12期。

91. 杨志强、何立胜：《自我规制理论研究评介》，《外国经济与管理》2007年第29卷第8期。

92. 余晖：《论政府管制与行政改革》，《中国工业经济》1997年第 5 期。

93. 于立：《规制经济学学科定位中的几个问题》，《产业经济研究》2004 年第 4 期。
94. 张德华、卞敏、孙肖远：《预防腐败的制度体系建构》，《学海》2008 年第 2 期。
95. 张国庆、王华：《动态平衡：新时期中国政府管制的双重选择》，《湖南社会科学》2004 年第 1 期。
96. 张红凤、杨慧：《规制经济学沿革的内在逻辑及发展方向》，《中国社会科学》2011 年第 6 期。
97. 张琴、陈柳钦：《风险管理理论沿袭和最新研究趋势综述》，《金融理论与实践》2008 年第 10 期。
98. 张向鸿：《中国党政领导干部选拔任用制度研究》，中共中央党校博士学位论文，2014 年 6 月。
99. 张晓松：《中央巡视组公布 13 份"整改清单"剑指 6 个腐败顽疾》（http：//news. china. com. cn/live/2015 – 02/01/content_ 31155565. htm）。
100. 张雨莹：《政府规制的理论解读》，《理论界》2007 年第 4 期。
101. 张莹、张红凤：《中国社会性规制改革的策略选择》，《教学与研究》2013 年第 11 期。
102. 赵国祥、申淑丽、高冬东：《180 名处级党政干部领导能力研究》，《心理科学》2003 年第 26 期。
103. 赵鹏：《风险社会的自由与安全——风险规制的兴起及其对传统行政法原理的挑战》，《交大法学》2011 年第 2 期。
104. 赵万里：《结构性风险与知识社会的建构》，《探求》2003 年第 1 期。
105. 郑代良、马敬仁：《浅析"行政三分制"与"行政三联制"的区别》，《行政与法》2003 年第 9 期。
106. 赵亚杰：《论法经济学分析范式的传承与分野》，《行政与法》

2010 年第 12 期。

107. 钟庭军、刘长全:《论规制、经济性规制和社会性规制的逻辑关系与范围》,《经济评论》2006 年第 2 期。

108. 周战超:《当代西方风险社会理论引述》,《马克思主义与现实》2003 年第 3 期。

109. 庄友刚:《风险社会理论研究述评》,《哲学动态》2005 年第 9 期。

110. 邹珊刚:《系统性原理研究》,《自然信息》1984 年第 2 期。

六 英文文献

1. Baggot, R., Regulatory Reform in Britain: The Changing Face of Self-regulation, *Public Administration*, 67, 1989, pp. 435 – 454.

2. Baldwin, R., eds, *Law and Uncertainty: Risks Legal Processes*, Kluwer Law International, 1997, pp. 1 – 2.

3. Beck, U., *Rick Society*, London: SAGE Publication, 1992, p. 1.

4. Black, J., Constitutionalising Self – regulation, *The Modern Law Review*, 59: 1, 1996, pp. 24 – 55.

5. Braithwaite, A., *Responsive Regulation: Transcending the Deregulation Debate*, Oxford: OUP, 1992.

6. Cooter, Robert, Thomas Ulen: *Law and Economics*, 5th Edition, Boston San Francisco, New York: Pearson Education Inc., 2007.

7. Eijlander, P., Possibilities and Constraints in the Use of Self – regulation and Co – regulation in Legislative Policy: Experiences in the Netherlands – lessons to be Learned for the EU? *Electronic Journal of Comparative Law*, 9: 1, 2005, pp. 102 – 114.

8. Ekeland. R. B, Jr., The foundations of Economics, *Vol. I. Edward Elgar Publishing Limited Cheltenham, UK – Northamptm*. 1998.

9. Grajzl, P., Murrell, P., Allocating Law Making Powers: Self –

regulation vs Government Regulation, *Journal of Comparative Economics*, 1, 2007, pp. 12 – 19.

10. Harlow, C., Rawlings, R., *Law and Administration*, 2nd Ed. London: Butterworths, 1997.

11. Haufler, V., *A public role for the private sector: Industry self – regulation in a global economy*, Washington D. C., Carnegie Endowment, 2001.

12. Keynes, J. M., *The General Theory of Employment, Interest, and Money*, Cambridge, Cambridge University Press, 1936.

13. Minogue, M., Governance – based analysis of regulation, *Annals of Public and Cooperative Economics* 73: 4, 2002, pp. 649 – 666.

14. North, D. C., *Institutions, Institutional Change and Economic Performance*, Cambridge, U. K. and N. Y.: Cambridge University Press, 1990, pp. 3 – 4.

15. Nú ez, J., A model of self – regulation, *Economics Letters*, 74, 2001, pp. 91 – 97.

16. Porter, T., Ronit, K., Self – regulation as Policy Process: The Multiple and Crisis – crossing Stages of Orivate Rule – making, *Policy Sciences*, 39, 2006, pp. 41 – 72.

17. Polinsky, A. M., Shavell, Steven: Enforcement Costs and the Optimal Magnitude and Probability of Fines, *Journal of Law and Economics*, 35: 1, 1992, pp. 133 – 148

18. Ruhnka, J. C., Boerstler, H., Governmental Incentives for Corporate Self – regulation, *Journal of Business Ethics*, 17, 1998, pp. 309 – 326.

19. Stigler, G. J., The Theory of Economics Regulation, *Journal of Economies and Management Science*, 3, 1971, pp. 3 – 18.

20. Senden, L., Soft law, Self – regulation and Co – regulation in

European law: Where do they Meet? *Electronic Journal of Comparative Law*, 9: 1, 2005, pp. 20 – 28.

21. Smith, A., *An Inquiry Into The Nature And Causes Of The Wealth Of Nations*, Reprint, edited by Cannan, Chicago, University of Chicago Press, 1776.

22. Stigler, G. J., The Theory of Economic Regulation, *Bell Journal of Economics and Management Science*, 2, 1971, pp. 3 – 21;

23. Stigler, G. J., The Theory of Economics Regulation, *Journal of Economies and Management Science*, 3, 1971, pp. 3 – 18.

24. Vogel, D., The New Politics of Risk Regulation in Europe. *British Journal of Political science*, 2001, p. 8.

25. Wilson, J. Q., *The Politics of Regulation*, New York: Basic Books, Inc. 1980.